Beck'sche Reihe

BsR 1245

BsR

In unserer Welt verlagert sich die Informationsverbreitung und Verständigung immer mehr auf Bilder und Filme. Der Konsum von „Gewaltfilmen“ steigt bei Erwachsenen wie bei Jugendlichen. Kritisch Sehen lernen wird deshalb so wichtig wie Rechnen, Schreiben und Lesen. Ute Benz zeigt, daß Gespräche mit Jungen und Mädchen über Gewaltbilder nur gelingen können, wenn Erwachsene bei sich selbst und zusammen mit Kindern die Erforschung und den Abbau von Projektionen und Vorurteilen riskieren. Das wichtigste ist, Prozesse wachsender Sprachlosigkeit und gestörter Kommunikation zu erkennen. Daraus ergibt sich das Fazit der erfahrenen Praktikerin: Langfristig muß die Fähigkeit zu kritischem Sehen, das Bewußtmachen und die Verarbeitung visueller Eindrücke als Schulfach und die „Visuelle Bildung“ gelehrt und unterrichtet werden.

Ute Benz ist frei praktizierende analytische Kinder- und Jugendlichenpsychotherapeutin in Berlin. Zuletzt erschien „Frauen im Nationalsozialismus“, BsR 1038, (^{2}1997).

UTE BENZ

Warum sehen Kinder Gewaltfilme?

VERLAG C. H. BECK

Mit 14 Abbildungen

Fotos auf den Seiten 138–148 © Bernd Fischer, Berlin

Die Deutsche Bibliothek – CIP-Einheitsaufnahme

Benz, Ute :
Warum sehen Kinder Gewaltfilme? / Ute Benz –
Orig.-Ausg. – München : Beck, 1998
(Beck'sche Reihe ; 1245)
ISBN 3 406 42045 1

Originalausgabe
ISBN 3 406 42045 1

Umschlagentwurf: Uwe Göbel, München
Umschlagabbildung: Peter Schinzler, München

Gesamtherstellung: C. H. Beck'sche Buchdruckerei, Nördlingen
Gedruckt auf säurefreiem, alterungsbeständigem Papier
(hergestellt aus chlorfrei gebleichtem Zellstoff)
Printed in Germany

Inhalt

Einleitung

Häufig bin ich von Kindern und Jugendlichen gefragt worden, ob ich diesen oder jenen Film gesehen hätte. Mir fiel, wenn ich verneinen mußte, auf, wie sie sich oft enttäuscht und resigniert abwendeten, so als trennten uns Welten und als wäre eine Verständigung über Filme zwischen Kindern und Erwachsenen unmöglich. Sie hatten recht. Ich hatte nicht nur herzlich wenig Ahnung von den Bildern, die diese Kinder – besonders Jungen, wenn es sich um „Gewaltfilme" handelte – umtrieben, sondern ich mußte mir auch eingestehen, daß ich viele der Filme und Bilder, die sie im Kopfe hatten, im Grund gar nicht zur Kenntnis nehmen wollte. Wie viele Erwachsene wollte ich von „Gewaltfilmen" am liebsten verschont bleiben und mich mit dem Gedanken aus der Affaire ziehen, Schutz vor Filmkonsum wäre entweder Sache des Staates oder aber Aufgabe der Eltern – ein Irrtum, wie sich herausstellte. Die tiefe Kluft zwischen dem allgemeinen Anspruch (Eltern sollen mit Kindern über Filme reden) und der Realität (Gespräche über Filme finden kaum statt) ist ein allgemeines Problem.

Ich wollte herausfinden, woran es liegt, daß Gespräche über Bilder und Filme zwischen Erwachsenen und Kindern oft unbefriedigend, karg, langweilig und eher ärgerlich für alle Beteiligten wirken, so daß sie verständlicherweise eher gemieden als gesucht werden? Welche Hindernisse gibt es dabei auf seiten Erwachsener und welche auf seiten der Kinder und wie könnten die Hindernisse abgebaut werden, damit ein Dialog zustandekommt?

Um mit der Erwachsenenseite zu beginnen: welche Vorurteile, welche bewußten und unbewußten Emotionen (Ängste, Ärger, eingestandene oder uneingestandene Hilflosigkeit), welche Projektionen, Schuldgefühle, aber auch welche offenen oder verdeckten Interessen wirken hier? Fragen dieser Art, das wurde bald klar, lassen sich nicht auf individuelle Eltern beschränken, sie betreffen zugleich die kollektive Dimension, betreffen Erwachsene in Politik, Presse, Bildung und Öffentlichkeit. Auf seiten der Kinder und Jugendlichen war entsprechend zu fragen, wie reagieren sie auf die Vorurteile, Emotionen und Interessen Erwachsener? In welche widersprüchliche Situation geraten Kinder, wenn sie zwar einerseits in Worte fassen sollen, was sie in flüchtigen Bildern sahen, wenn sie aber andererseits spüren, daß Erwachsenen eigentlich gar nicht genau wissen wollen, wovon sie sprechen? Und welche persönlichen Interessen motivieren Kinder zum Bildersehen, inwiefern sind sie von ihrem jeweiligen körperlichen und psychischen Entwicklungsstand sowie von ihren sozialen Konflikten abhängig?

Die Anworten, die in diesem Buch angeboten werden, sind aus einer engen Verknüpfung von psychoanalytischer und pädagogischer Praxis und Theorie in zahlreichen Projekten mit Kindern, Jugendlichen und Erwachsenen entstanden. Anstelle der üblichen Sicht auf die zwei Problembereiche (Gewaltfilme und ihre Wirkung auf Kinder) wird dabei eine erweiterte Perspektive zugrundegelegt, die die „ganze Szene“ (im Prinzip die drei zusammenhängenden Problembereiche Kind, Film und Erwachsene) erfaßt. Dadurch werden nicht nur dynamische Wechselwirkungen (Interessenverschränkungen, Instrumentalisierungen, Problemspaltungen) sichtbar, sondern es ergeben sich auch für die Frage nach Lösungen neue Ansatzpunkte.

So erwies es sich grundsätzlich als erforderlich, die Fixierung auf Bilder der Gewalt infrage zu stellen und stattdessen nach der Gewalt der Bilder in unserer Gesellschaft im allgemeinen, nach der menschlichen Lust am Sehen und nach den modernen Sehzwängen und ihren Folgen zu fragen. Auf diese Weise wurde eine direkte Wechselwirkung zwischen „guten“ und „bösen“ Bildern erkennbar: mit steigender Nachfrage nach „guten“ Bildern ist eine steigende Nachfrage nach „bösen“ Bildern verbunden. Vor diesem Grundverständnis wurde klar, warum es nicht genügt, nur die „bösen“ Bilder/Filme zu problematisieren, sondern warum mehr als bisher das Verhältnis von Wort und Bild in unserer Gesellschaft untersucht werden muß.

Ein Schwerpunkt der Arbeit galt dem Phänomen der Sprachlosigkeit und der gestörten Kommunikation gegenüber Bildern bzw. Filmen. Was mir anfangs als individuelles Problem von Kindern erschien – ihre Schwierigkeit mit Erwachsenen über Bilder und Filme zu reden – entpuppte sich bei näherem Zusehen in zahlreichen Projekten als ein für die Situation von Kindern und Erwachsenen in der von Bildern dominierten Gesellschaft typisches Problem: das Problem des visuellen Analphabetismus und seine Folgen. Der Verlust der Sprache gegenüber dem Bild, die Unfähigkeit zu bewußter Wahrnehmung rasch wechselnder Bilder, die Schwierigkeit, visuelle Eindrücke in Worte zu fassen und darüber zu kommunizieren – dies sind zentrale Probleme der Kinder und Erwachsenen in der Mediengesellschaft. Hier vor allem müssen Lösungen gesucht und entwickelt werden. Gewalt im Film ist zwar der spektakulärste, aber doch nur ein Teil des größeren Problems: die Gewalt der Bilder und die Ohnmacht der Betrachter, die ihre Sprache verlieren.

Ein weiterer Schwerpunkt der Arbeit gilt der Frage, die Verantwortliche häufig am meisten bewegt: warum haben viele Kinder ein so großes Interesse an Gewaltfilmen? Anhand zahlreicher alltäglicher Beispiele wird ein aus psychoanalytischem Konfliktverständnis entwickeltes Konzept vorgestellt, das die Freund-Feindbildung in den Mittelpunkt der Aufmerksamkeit rückt. Es trägt zu vertieftem Verständnis für „normale", alltägliche psychosoziale Grundkonflikte und ihrer Abwehr von Jungen und Mädchen bei – Themen, die regelmäßig auch den Stoff von „Gewaltfilmen" bilden.

Lösungen können weder durch das liberale Prinzip „Laissez-faire" noch durch das restriktive Prinzip der Filmzensur erreicht werden. Eine sinnvolle Alternative ist es, Jugendschutz „von innen", durch visuelle Bildung und Aufklärung zu entwickeln. Voraussetzungen dafür sind zuerst Veränderungen der Einstellungen Erwachsener. Erforderlich ist u.a. die grundsätzliche Bereitschaft, genauer hinzusehen statt wegzusehen; die

Einsicht, daß es angesichts der Bildermacht nicht ausreicht, elterliche Defizite zu beklagen. Visuelle Bildung, d.h. der schwierige Prozeß, visuelle Eindrücke bewußt und kritisch wahrzunehmen und zu verbalisieren lernen, muß in unserer von Bildern dominierten Gesellschaft ebenso wichtig genommen werden wie Lesen, Schreiben und Rechnen.

1. Die Gewalt der Filme und Bilder

Bilder sind etwas wunderbares. Mit ihren Farben, Formen, Strukturen und Kontrasten können Phantasien und Träume formuliert, Gefühle vermittelt, Geschichten erzählt und für andere sichtbar gemacht werden. Doch gerade wer Bilder ihrer szenischen Unmittelbarkeit und emotionalen Kraft wegen schätzt, kann nicht übersehen, welchen Mißbrauch und welche vergewaltigende Macht Bilder heute ermöglichen, welche Gemeinheiten Menschen anderen mit Bildern zufügen können.

Bilder, seitdem sie filmisch beweglich und mit Tönen verknüpft wurden, können ihr zurückhaltendes Wesen in aggressive Gewalt verwandeln. War ihnen einst Zurückhaltung auferlegt, mußten Bilder, solange sie ruhig standen, warten, bis sie von Augen entdeckt wurden, die bereit waren, in sie einzusteigen, um nach Lust und Laune in ihnen auf Entdeckungsreise zu gehen, so können Bilder heute die Augen förmlich zwingen, jede Sekunde genau festgelegte Abfolgen und viel mehr Bilder zu sehen als sie eigentlich wollen. Bilder, die der Phantasie Freiräume eröffnen und wunderbare Kommunikation mit und neben Worten ermöglichen, können heute, weil ihre filmische Herstellung und Verbreitung blitzschnell und massenhaft geschieht, dazu mißbraucht werden, Phantasien einzuengen, sie förmlich zu erschlagen und in gewalttätige Zwangsinstrumente zu verwandeln. Bilder begraben in vielen Filmen die Phantasien der Menschen. Sie warten nicht, sie rasen auf Menschenaugen zu, überfallen sie, reißen sie mit, explodieren förmlich mit ihren Effekten aller Art. Seitdem computergesteuerte Bildanimation die Palette der Gestaltung bewegter Bilder ins schier unendliche Belieben erweitert hat, kann alles mit allem gemixt werden, um Augen, auch wenn sie längst müde sind, zum Sehen zu zwingen.

Geschichten, Märchen und Mythen leiden darunter. Solange sie vorgelesen wurden und jedem Zuhörer frei ließen, dazu zu phantasieren, was ihm genehm war, waren sie zauberhaft. Eingesperrt aber in feste Formen protziger und doch kläglicher Filme, büßen sie ihre Kraft ein und verlieren, was sie kostbar machte: ihre Offenheit, ihre Mehrdeutigkeit, ihren Zauber, sie werden plump oder kitschig.

Worauf beruht der Zauber, die Macht der Bilder, vor allem der filmisch bewegten? Filme bedeuten für Menschen ein Angebot, die Realität zu verlassen und göttergleich über den Welten zu sein, um von außen her alles zu sehen, was es auf Erden gibt. Filme laden ein zu Allmachtsphantasien und Grenzüberschreitungen. Sie führen vor Augen, was der Psyche des Menschen vollkommen vertraut ist: Sie fluktuieren über Zeit-, Raum-, Kultur- und Identitätsgrenzen hinweg, sie handeln von Begierden, Scham- und Schuldgefühlen, von libidinösen und aggressiven Wünschen, von Ängsten und Phantasien. Bilder sprechen die Sprache des Unbewußten, sie operieren auf der Ebene, auf der sich Unbewußtes und Bewußtes direkt oder verschlüsselt unter Umgehung der Wortsprache, d.h. der rationalen Kontrolle darstellen läßt. Was im Alltag unter dem Druck der kulturellen Anpassung verdrängt wird, kehrt bildhaft in Träumen wieder und kann durch die Künste der Malerei, Grafik, Fotografie vor aller Augen geführt werden.

Filme, die von Kindern und Jugendlichen als spannend empfunden und geschätzt werden, handeln stets von inneren und äußeren Konflikten, von Kämpfen des Bösen gegen das Gute, von Machtkämpfen in Familien, Freundschaften, Feindschaften, von Generationenkonflikten, Familienfehden, mörderischen Rivalitäten unter Geschwistern, unter Freunden, von Liebe und Haß, Kumpanei und Bündnissen, Erpressungen, Enttäuschungen, Neid, Eifersucht, Verrat, Betrug, Vernichtung – Themen, die Individuen und Gesellschaft existentiell betreffen.

Es sind Liebes- und Haßgeschichten, Männer- und Frauengeschichten, Eltern-Kind-Geschichten, Unterwerfungs- oder Rebellionsgeschichten nach dem Schema: einsam in die Welt hinaus, durch eine Hölle von Bosheit und Verrat gehen zu müssen, um am Ende den Sieg zu erringen oder aber grausam unterzugehen.

„Gewaltfilme" erinnern in der Unversöhnlichkeit ihrer gut-und-böse-Struktur an Märchenstoffe und Mythen. Sie führen der Gesellschaft provozierend vor Augen, was mit der Zivilisierung gewonnen und was verloren wurde. Sie zeigen, was das archaische Recht des Stärkeren bedeutet hat und bedeuten kann, wie zerstörerisch Emotionen von Haß, Eifersucht, Rachsucht, Rivalität und Perversion sich auswirken. In Gewaltfilmen ist das auf eine Weise in Szene gesetzt, die nicht in erster Linie an bürgerlicher Moral orientiert ist, sondern an der Lust und Angst, in menschliche Abgründe zu sehen, wo Unmoral und Mixturen verdrängter Lüste und Ängste dominieren.

Gewaltfilme – und aus diesem Grund provozieren sie entsprechend heftige Gegenwehr in der Gesellschaft – beschwören die zerstörerischen Kräfte der Menschheit, die die Herrschaft der Vernunft gefährden. Filmemacher vermögen die Zivilisation und die Grenzen der Moral scheinbar aufzuheben, und deshalb findet ihr Tun so besondere kontroverse Aufmerksamkeit. Sie können im Bild Tote zum Leben erwecken, archaische Kräfte beschwören, alte, längst überwunden geglaubte Entwicklungen zurückholen. Gewaltfilme bilden daher den eigentlichen Stein des Anstoßes für viele, die sonst die Fülle der Filme und Bilder in der Gesellschaft nicht problematisch finden.

Bilder sind jedoch insgesamt gewaltige Machtinstrumente geworden. Sie sind um so wirksamer zur Beeinflussung von Menschen, weil Zuschauer immer wieder vergessen, was sie theoretisch zwar wissen, daß sie durch Bilder zum Nachvollziehen fremder Absichten und Phantasien genötigt werden, während sie das Gefühl habe, lediglich mehr oder weniger spannend unterhalten zu werden.

Mehr aber als die Bilder der Gewalt ist die Macht, ja die Gewalt der Bilder zum Problem und zu einer modernen Herausforderung geworden. Manche Intellektuelle flüchten vor dieser Macht, viele igeln sich ein, die meisten kapitulieren, weil sie sich nicht vorstellen können, wie die Macht der Bilder gezähmt werden könnte. Doch so ohnmächtig, wie viele meinen, ist die Gesellschaft nicht, sofern sie sich der Mittel besinnt, die ihr schon einmal Befreiung aus ohnmächtiger Abhängigkeit ermöglichten: Aufklärung und Bildung. Die Mittel der Sprache, des kritischen Denkens und der verbalen Kommunikation sind auch heute noch gegenüber Bildern die geeigneten Instrumente, um Macht- und Ohnmachtsverhältnisse in der modernen Gesellschaft von innen heraus zu verändern.

Die Frage, die viele verantwortungsbewußte Erwachsene in Politik und Gesellschaft beschäftigt, lautet: Wie können Kinder heute Bildern gegenüber erkennen, daß sie, wo sie naiv annehmen, nur unterhalten und beschenkt zu werden, zugleich auch ausgebeutet werden? Wie sollen Kinder merken, daß ihre Lethargie, ihre Unlust, selbst etwas zu probieren, vielfach daher kommt, daß Kinder, ohne sich dessen bewußt zu sein, durch Vielsehen die Normen der Perfektion in sich aufgenommen haben? Wie können Kinder merken, daß sie an ihren (von Bildern indoktrinierten)viel zu hohen Ansprüchen („alles muß immer toll aussehen und spannend sein) scheitern müssen, weil ihnen Übung, Werkzeug und professionelle Technik, wie sie im Film verwendet werden, fehlen? Wie sollen Kinder ihre latente Ungeduld mit sich selbst in Geduld verwandeln, wie dem Zwang widerstehen, sehr schnell aufzugeben? Wie könnten Kinder erkennen, daß sie sich an unrealistische Perfektionsansprüche (alles soll super sein) klammern und dabei den Spaß am Unvollkommenen und damit an der Experimentierfreude verlieren?

„Keine Lust“, „das sieht nicht gut aus“ sagen gelangweilte Kinder, die unter dem Sehzwang, ohne daß es ihnen bewußt ist, leiden. „Das kann ich nicht“, „das wird nicht so wie ...“, solche Antworten geben Kinder oft auf die Frage nach dem Grund für ihre Resignation. Offenbar tragen sie ein hohes Anspruchsraster im Kopf, hinter dem sie nicht zurückbleiben wollen. Erdrückt von perfekten Vorbildern im Film und Fernsehen haben sie längst aufgegeben. Im Fernsehen wirkt alles schöner, es wird besser und lustiger gebastelt, netter gesungen, witziger gemalt, besser diskutiert, dort werden die lustigeren Witze erzählt, die tolleren Kostüme vorgeführt, die smarteren Leute sind dort zu sehen. Das eigene Leben dagegen wirkt unbeholfen, fade, unvollkommener, reizlos und armselig, die eigenen Kräfte der Kinder erscheinen ihnen oft viel zu gering, um ihren so hoch gesteckten, durch permanenten Vergleich mit perfekten Vorbildern antrainierten Ansprüchen genügen zu können.

Kein Zweifel: Die Macht der Bilder erbost viele Eltern und Erzieher, wissen sie doch, daß Gesellschaft und Politik von ihnen die Errichtung von Dämmen gegen die drohende Bilderflut erwarten.

2. Einfach abschalten? Macht und Ohnmacht der Eltern. Drei Beispiele aus dem Alltag

„Den ganzen Tag immer nur fernsehen, das ist ja nicht zu fassen, kannst du denn nicht endlich was anderes machen. Immer nur fernsehen, das Zimmer voller Spielzeug, was ist bloß mit dir los!" Weithin schallte die wütende Stimme einer Frau und durchbrach die sonntägliche Stille der Vorstadtsiedlung. Man wußte nicht, mit wem man mehr Mitgefühl haben sollte. Offensichtlich war, daß beide litten, eine Mutter und ein Kind. Nach dem Prinzip, die letzten beißen die Hunde, sollen und müssen Eltern und Kinder ausbaden, was die moderne Mediengesellschaft ihnen eingebrockt hat: Bilderfluten ohne Ende, Tag und Nacht verfügbar, spannend, faszinierend, verführerisch und so raffiniert gemacht, daß kein Kind widerstehen kann und es übers Herz bringt, die bunte Bilderwelt einfach auszuschalten.

Müttern und Vätern fällt heute nicht nur die undankbare Aufgabe zu, die künstliche, stets aufs neue nachwachsende Nabelschnur ihrer Kinder zur Bilderwelt immer wieder abzuschneiden und dafür von den Kindern gehaßt zu werden. Eltern müssen zugleich schmerzlich erkennen, daß ihre Kinder modernen Hexenkünsten der Bildermacher wie Süchtige verfallen sind und Hexereien konsumieren, die alles versprechen und alles vorgaukeln, um den einen heimlichen und heimtückischen Preis, das Leben der Kinder. Geblendet vom Strom der Bilder, die vor ihren Augen ausgebreitet werden, merken die Kinder die heimlichen Absichten nicht, sie merken nicht, daß sie im Grunde betrogen werden, beraubt um ihr eigenes Leben, ihre eigene Bewegung, ihre eigenen Phantasien und um ihre eigenen Bildvorstellungen. Hänsel und Gretel der Gegenwart sind alle beide eingesperrt vor dem Zauberkasten; beide werden tagtäglich mit virtuos zubereiteten visuellen und akustischen Bröckchen vollgestopft, weil Hexer und Hexen, wohl wissend, was Kindern schmeckt, sie nie mehr freilassen, sondern auf ewig besitzen wollen, um vom kindlichen Hunger nach Leben zu profitieren. Gibt es heute keine Gretel mehr, die rechtzeitig von sich aus der Hexe auf die Schliche kommen könnte, um sich und den Hänsel zu befreien? Gretel benötigt heute zuerst selber Hilfe zur Selbsthilfe – und diese muß von außen kommen. Die Frage ist, wie und von wem.

Die folgenden extrem unterschiedlichen Beispiele zeigen drei elterliche Versuche im Umgang mit der überwältigenden Macht der Bilder. Zwei Beispiele davon zeugen von der Entschlossenheit von Eltern, nicht tatenlos zuzusehen, was mit ihren Kindern im Medienzeitalter geschieht, aber sie wählen konträr entgegengesetzte Wege der Erziehung.

Im ersten Fall haben vom Fernsehen genervte Eltern einfach die Notbremse gezogen und den Fernsehapparat gänzlich aus der Familie verbannt. Sie wußten sich nicht mehr anders zu helfen, sie waren den alltäglichen Kampf mit ihren Kindern ums Fernsehen leid. Seither leben sie, wie die Eltern sagen, glücklich (für Außenstehende wie auf einer ruhigen Insel im Bildermeer) und hoffen, auf diese Weise ihre Kinder vor den Verführungskünsten und dem Verderb moderner Zauberer am besten zu schützen. Zum Ausgleich dafür investieren diese Eltern viel Zeit und Geld in Bastelmaterial, Sport und Spiel. Sie verfügen auch über genügend Raum in Haus und Garten, wo Kinder nach Herzenslust toben können und Freunde willkommen sind, die das Paradies gerne besuchen. Die Frage, ob ihre Kinder dann nicht etwa bei anderen Kindern fernsehen, stellen sich diese Eltern natürlich auch. Doch das fürchten sie nicht so sehr, das halte sich in Grenzen, das fänden sie weniger schlimm. Ob ihre Kinder es dann zu Hause wagen würden, von Filmen, die sie gegen den Willen ihrer Eltern gesehen haben, zu erzählen, haben diese Eltern sich noch nicht überlegt. So privilegiert ist die Situation der meisten Kinder nicht. Ihre Eltern können sich nicht zu einer so entschieden ablehnenden Haltung gegen das Fernsehen durchringen.

Im zweiten Beispiel haben die Eltern nach enervierenden Kämpfen um Einschaltzeiten und Filmauswahl vor der Omnipräsenz und Allmacht der Bilder kapituliert. Sie gehen allen zermürbenden Diskussionen um das Fernsehen und um die Schalthoheit in der Familie dadurch aus dem Wege, daß sie ihren Kindern eigene Fernseh- und Videogeräte ins Kinderzimmer stellen. Sie tun das, obwohl sie dafür von Pädagogen und von Politikern gescholten werden und selbst ein latent schlechtes Gewissen haben. Man wirft ihnen öffentlich vor, daß sie ihrer Verantwortung für die Medienerziehung ihrer Kinder nicht nachkommen, eine Verantwortung, gegen die solche Eltern mehr oder weniger bewußt rebellieren, weil sie die Überforderung spüren, die die Gesellschaft ihnen zumutet. Diese Eltern wissen natürlich, was ihnen immer wieder von Pädagogen und Politikern eingeschärft wird, daß sie als Erwachsene mit Kindern über die Filme, die sie sahen, reden sollten. Aber die meisten Eltern haben dabei wenig gute Erfahrungen gemacht. Obwohl sie sich Mühe gegeben haben, ihre Meinung zu sagen, gelingen die Gespräche nicht, die Kinder hören nicht zu, wollen nicht reden, das macht niemandem Spaß und so gibt man die Gesprächsversuche bald auf. Eltern geben auf diese Weise das Problem der Medienerziehung, das die Gesellschaft an Eltern hoffte delegieren zu können, an die Allgemeinheit zurück: Wer wirft den ersten Stein auf diese Eltern? Das kann nur tun, wer nicht sieht, daß der Kampf zwischen Bild und Wort um die kindlichen Seelen längst keine Privatsache mehr ist, die sich individuell lösen läßt.

Die Eltern im dritten Beispiel mögen manchen als Bilderbucheltern erscheinen und es gibt sicherlich wenige, die so entschlossen ihren eigenen Weg der Medienerziehung gehen und weder Zeit noch Mühe scheuen, sich mit dem auseinander zu setzen, was ihre Kinder sehen. Denn ihr Ziel ist nicht, wie die Verfechter der privaten Medienpädagogik gerne hätten, ihre Kinder vor Bildern abzuschotten. Ihr Ziel ist vielmehr, sie zu kritisch sehenden Menschen zu erziehen. Hier der Bericht eines Vaters – Ingenieur und Geschäftsmann –, der wie seine Frau nicht auf die Wirkung von Zensur vertraut:

Als Eltern zweier unterschiedlich belastbarer und auf Filme reagierender Söhne und entschlossen, eine vernünftige Medienerziehung durch Gespräch und Vorbild zu sichern, wollten sie auch nicht vor den besonderen, in der Pubertät auftretenden Widerständen des Sohnes gegen Gespräche einfach kapitulieren. Daher schlug der Vater seinem Sohn ein Geschäft auf Gegenseitigkeit vor, auf das der Junge einging. Der Vater erklärte sich bereit, seinem Sohn jedes gewünschte Video, zu besorgen. Seine Bedingung war: Gemeinsames Ansehen und als Gegenleistung des Sohnes die Verpflichtung, über jeden Film etwas zu schreiben. Im folgenden der Bericht des Vaters, dem an dieser Stelle noch einmal sehr herzlich dafür gedankt sei: „Die Körperhaltung unseres Sohnes hätte seinen militärisch begeisterten, längst verstorbenen Großvater entzückt. Kerzengerade, voll konzentriert und durch nichts abzulenken, wurden die Worte, Bewegungen, Farben und Gefühle aufgesogen. Daß zwischenzeitlich einer von uns Eltern mit zusah, wurde nicht zur Kenntnis genommen. Sobald die letzten Töne der Schlußmusik ertönten, sprang unser Sohn auf und betätigte resignierend die Austaste.

Meist bestand bei uns das Bedürfnis, das gerade Erlebte zu besprechen, was wir durch Fragen oder Bemerkungen provozierten. In der Medienerziehung unserer Kinder haben wir uns bemüht, unsere Vorbildfunktion zu beachten. So lief nie der Fernseher nebenbei oder gar, wenn wir Freunde bei uns hatten. Wir hoffen, daß sie dadurch gelernt haben, bewußt und mit Verstand fernzusehen. Es kam natürlich die Zeit, daß das gemeinsame Sehen von Fernsehfilmen problematisch wurde.

Zu Beginn der Pubertät wollte unser Ältester plötzlich nicht mehr mit uns reden. Er verschwand nach problematischen Filmen, die wir Eltern diskutieren wollten, einfach in seinem Zimmer. Selbst wenn wir ihm nachliefen und versuchten, ihn in ein Gespräch zu verwickeln, entzog er sich, indem er einfach nicht reagierte. Anders verhält es sich bei unserem jüngeren, heute 14jährigen Sohn. Er versucht stets heimlich fernzusehen, ist aber jederzeit dankbar für Gespräche und Erläuterungen. Er ist jedoch insofern eine Ausnahme, da er, bedingt durch eine schwere Krankheit in früher Kindheit, einen um ca. 1/3 geringeren IQ als sein älterer Bruder hat. Allzu problematische brutale oder menschenverachtende Filme stoßen ihn ab, er geht dann lieber schlafen. Hält er aus Gleichbehandlungsansprüchen aber doch einmal einen Film durch, erklären wir ihm während des Films den Inhalt, wobei wir uns nicht scheuen, eine klare Wertung der Handlung und Personen vorzunehmen. Oft fragen wir bei undurchsichtigen Situationen einfach z.B., was glaubst du, warum tut er gerade das.

Mit dem 15jährigen ist es für uns Eltern viel anstrengender. Eines Tages mußten wir feststellen, daß offenbar einer seiner Schulfreunde Zugang zu Erwachsenenfilmen aus der Bibliothek hatte und daß sie sich nachmittags bei diesem Freund trafen, um stundenlang Videos zu gucken. Sollte so unsere Erziehung enden? Wir überlegten, was eine angemessene Reaktion auf diese Unterwanderungstaktik sein könnte. Wir waren uns sicher, daß ein Verbot sinnlos wäre und nur dazu führen würde, daß der Medienkonsum in nicht kontrollierbare Bereiche verschoben würde. Auf der anderen Seite wollten wir nicht brav dem Herrn Sohn alle gewünschten Filme nach Hause tragen.

Die Lösung unseres Problems ergab sich zufällig. Er brachte eine miserable Aufsatznote in Deutsch, und so kam ich auf die Idee, das Angenehme mit dem Unangenehmen zu verknüpfen. Ich machte meinem Sohn das Angebot, daß ich als Vater Videos für ihn ausleihen würde, wenn er bereit wäre, anschließend über den Film einen Aufsatz zu schreiben. Das Angebot schien ihm so verlockend, daß er gleich eine lange Liste mit seinen Wunschtiteln erstellte. Ich war völlig überrascht, wie genau er das aktuelle Filmangebot kannte. Anfänglich versuchte ich, ihm den einen oder anderen Film auszureden, was den Film jedoch nur interessanter machte. So gab ich als einsichtiger Vater diesen Versuch auf und holte tatsächlich die bestellten Filme. Da ich, wie es zur Vereinbarung gehörte, seine Aufsätze korrigieren sollte, war klar, daß wir die Filme beide ansehen mußten. Wohlweislich hüteten wir Eltern uns aber davor, irgendwelche Bemerkungen dabei fallen zu lassen. Dies erhöhte offensichtlich die Sensibilität unseres Sohnes für unsere Regungen, um herauszufinden, was wir wohl über diese oder jene Szene dachten.

Anfangs beschränkten sich die Wunschfilme unseres Sohnes auf dümmliche Klamaukfilme. Meist war er schon dadurch gestraft, daß er eine Inhaltsangabe über einen inhaltslosen Film schreiben mußte, so daß diese Filmart schnell uninteressant wurde. Als er dann einmal zufällig einen anspruchsvollen Film erwischte, behauptete er jedoch, über diesen könne man absolut nichts schreiben. Als ich ihm widersprach, forderte er mich wütend auf, dies doch einmal selbst zu versuchen. Ich nahm mir also an einem Sonntag vormittag dafür eine Stunde Zeit und schrieb zwei DIN A4 Seiten im Aufsatzstil. Mein Sohn war ehrlich erstaunt und rief anerkennend: ‚Was du alles gesehen hast!' Seither hat er den Ehrgeiz, mindestens das Gleiche in den Filmen zu sehen, auf Details und Kamerapositionen zu achten, zu analysieren, auf wessen Kosten Späße gemacht werden, wie Minderheiten oder Gruppen behandelt werden usw. Besonders interessant wird es, wenn er einen vordergründig tollen Film gesehen hat, der jedoch verdeckte Botschaften enthält, die sich einer oberflächlichen Analyse entziehen. Erkenne ich ein solches Machwerk, so versuche ich – durch besonders gemeine Fragen, wie mein Sohn meint – Licht in das Dunkel zu bringen, z.B. die Frage, inwieweit sind in dem Film XY rassistische Tendenzen erkennbar, oder, welche Rolle spielt das Militär in dem Actionfilm XY.

Leider sind unseren Bemühungen aber auch Grenzen gesetzt. So kam neulich mein Sohn triumphierend nach Hause, er sei zum ersten Mal in einen Kinofilm ab 18 hereingelassen worden. Eigentlich hatte er von sich aus den Film gar nicht unbedingt sehen wollen, aber einer seiner Schulfreunde hatte ihn überredet. In diesem Fall fand ich es besonders ärgerlich, da der Film in mehreren Ländern verboten wurde und zumindest umstritten war. Wenn Kinopersonal so dumm oder geldgierig ist, daß es selbst in derart eindeutigen Fällen, bei denen eine strikte Einhaltung der Altersgrenze notwendig ist, versagt, fragt man sich, was die FSK-Altersgrenze überhaupt soll. Uns

Eltern bleibt also nichts anderes übrig, als den Film ebenfalls anzusehen, damit wir darüber reden können. Hätte er den Film auf seiner Wunschliste aufgeführt, hätte ich ihn auch besorgt. Denn auch wenn ich fürchte, daß mir der Film sehr unangenehm gewesen wäre und einen Abend verdorben hätte, die Sache ist es mir wert.

Wir haben mit dieser Art des Umgangs mit Medienkonsum gute Erfahrungen gemacht. Durch das Aufsatzschreiben und die Fragestellung zu Filmen zwinge ich meinen Sohn, sich selbst Einsichten zu erarbeiten. Unser Deal – er darf sehen, was er will, um den Preis von Aufsätzen – funktioniert seit gut einem Jahr. Wir haben kaum noch Sorge vor unkontrolliertem Videokonsum. Selbstverständlich darf er mit seinen Freunden gemeinsam ins Kino oder Videos ansehen, aber letzteres ist nicht mehr sonderlich interessant, da sein Freund auf Videos angewiesen ist, die er bei seinen Eltern vorfindet oder unkritisch selbst gewählt hat. Neulich bekam ich zufällig mit, wie er einem Freund sagte, in so einen schwachsinnigen amerikanischen Klamaukfilm werde er nicht mitgehen, dafür sei ihm sein Geld viel zu schade. Mehr als Kritikfähigkeit erhoffen wir nicht."

Angesichts der drei Beispiele des elterlichen Umgangs mit Kind und Fernsehen fragt man sich, was wohl geschieht, wenn derart unterschiedlich erzogene Kinder in der Schule zusammen sind und wenn Lehrer von ihnen Konzentration und Aufmerksamkeit auf das Wort verlangen.

3. Der Krieg zwischen Wort und Bild und die Dialektik guter und böser Bilder

Seitdem Bilder durch moderne Techniken weder Papier noch Leinwand oder Wände brauchen, seitdem sie in Blitzesschnelle durch Türen und Wände hindurch zu dringen vermögen, seitdem herrscht ein Verdrängungskampf zwischen Bild und Wort, eine Art Krieg um die Aufmerksamkeit und um die Herzen der Kinder.

Bilder sind dabei im Vorteil. Schneller als Worte, erobern sie mit einem Blick die Vorstellungswelt der Menschen, sie besetzen im Flug die Köpfe, sie breiten sich längst aus, bevor noch die Worte angekommen sind, die erst der Stimme oder des Entzifferns bedürfen. Obwohl filmische Bilder flüchtig in ihrer Erscheinung sind, haftet, was man einmal gesehen hat, dennoch gründlich fest, und man kann nicht mehr einfach daran vorbeidenken. Bilder machen es einem schwer, eigene Vorstellungen zu entwickeln. Und während Worte Räume für Phantasien eröffnen, okkupieren Bilder bereits alle Räume und lassen nichts mehr offen. Bilder benötigen nicht nur im Computer gigantische Mengen an Speicherplatz, sie machen sich auch in den Menschen so breit, daß sie dort die Worte immer mehr an den Rand drängen.

Bilder, so heißt es, brauchen keine Worte. Sie kommen angeblich ohne Sprache aus, sie wollen lediglich gesehen werden, sie erfordern vermeintlich keine Bildung, auch Analphabeten könnten sie verstehen.

Das Wort, die Sprache hat neben Bildern einen zunehmend schweren Stand. Durch die Dominanz der Bilder geraten sie mehr denn je ins Hintertreffen und mit ihnen all das, was ohne Worte nicht geht: kritisches Denken, kritische Kommunikation und Selbstreflektion. Es ist noch nicht allzu lange her, daß Intellektuelle, seit Nietzsche die Bedeutung der Sprache kritisierte, sie als Instrumente der Herrschaft diskreditierten. Heute packt manch einen das blanke Entsetzen angesichts der Tatsache, daß suggestive Bilder Worte verdrängen, daß sie den Verstand unterlaufen, daß Bilder, noch ehe das Wort sie zu fassen vermag, Emotionen und Bedürfnisse zu implantieren vermögen.

Mit der Invasion von Bildern in die Gesellschaft haben sich viele Intellektuelle irritiert und gekränkt zurückgezogen. Sie pflegen für sich im kleinen Kreis die Sprache, als könnten sie so die Auseinandersetzung zwischen Wort und Bild vermeiden. So verständlich aber ihr Rückzug einerseits ist, so kommt er doch andererseits einem Verrat an den Grundlagen der Aufklärung gleich. Aufklärung ist kein sicherer ererbter oder vererbbarer Besitz, sondern muß immer wieder neu erkämpft, erarbeitet und vermittelt werden. Wenn jedoch schon die Intellektuellen vor Bildern fliehen, anstatt die ihnen zur Verfügung stehenden Mittel der Sprache und des Wortes gegenüber Bildern zu verteidigen, wer kann dann noch von Eltern, die sich mit Worten schwerer tun erwarten, daß sie den Kampf zwischen Wort und Bild, den Kampf um die verbale Kommunikation neben der visuellen aufnehmen?

Berücksichtigt man die eskalierende kriegerische Situation von Wort und Bild in der modernen Mediengesellschaft, dann wird man zugeben müssen, daß Eltern in der Regel weithin überfordert sind, wenn Politik und Gesellschaft ihnen die individuelle Lösung des kollektiv etablierten Problems Medienerziehung zudiktieren. Denn von Natur aus, dafür spricht alle Erfahrung mit Kommunikation, ist die Fähigkeit zu bewußter Wahrnehmung visueller Botschaft nicht vorhanden, von Natur aus sind wir visuelle Analphabeten, abhängig und beeinflußbar von der Magie der Bilder und der Bildermacher. Wer Jugendschutz wirklich und dauerhaft erreichen will, darf sich nicht mehr darauf beschränken, Zensur und Verbote einzelner Filme und Bilder, die ihrer Gewaltinhalte wegen z.B. auffällig sind, zu verlangen, sondern er muß Zeit, Geld und Energie an den Wurzeln des Problems, dem visuellen Analphabetismus investieren.

Warum, wird man an dieser Stelle einwenden, soll man aber auf einmal von einem allgemeinen Kriegszustand zwischen Bild und Wort sprechen? Ergänzen sich beide nicht aufs schönste, vorausgesetzt freilich, man könnte endlich die eine Sorte von Bildern eliminieren, die in so provozierender Weise Krieg und Gewalt in die Wohnstuben trägt und dort den alltäglichen Frieden unerträglich stört? Wäre nicht alles aufs wunderbarste geregelt, so glauben und hoffen viele, wenn es nur endlich nicht nur national, sondern weltweit gelänge, diese eine störende Sorte von ärgerlichen Bildern der Gewalt aus Film und Fernsehen zu verbannen? Kinder könnten dann nicht auf dumme (aggressive) Gedanken kommen, und die Schule der Gewalt, als die das Fernsehen bezeichnet wird, wäre dann endlich geschlossen. Dann hätte die Gesellschaft Ruhe, die vielen schönen Bilder zu genießen.

Viele Menschen hängen diesem Wunschtraum nach, und eine neue technische Erfindung gibt ihrer Hoffnung auf Erlösung von Gewaltbildern gegenwärtig neue Nahrung: Der „Gewaltchip", eine elektronische Sperre, die den Bildschirm gewaltfrei und „kindergerecht" machen soll. Seit Ende 1993 bereits werden Fernsehgeräte angeboten, die Filme blockieren können, die erst ab 16 oder 18 Jahren freigegeben sind, und etwa 1,75 Millionen Geräte sind entsprechend ausgerüstet. Sie werden jedoch in der Praxis kaum genützt. Ohnehin erfassen diese Sperren nur Kinofilme, nicht aber die weitaus größere Zahl der Fernsehfilme mit Gewaltinhalten. „Gewaltchips" sollen nun effektivere Lösungen bringen und all das aus dem Bildermeer herausfiltern, was gewalthaltig ist.

Doch der Teufel steckt wie immer im Detail, denn damit der Filter arbeiten kann, müssen zuvor Klassifizierungen der Filme vorgenommen werden, und diese Arbeit der Bewertung von Filmen nimmt kein Automat je den Menschen ab. Das heißt aber, daß die Situation nicht wesentlich anders sein kann als bei den bisherigen Jugendschutzbemühungen. Die pluralistischen Interessen der Mediengesellschaft können nur sehr mühsam und fragmentarisch unter einen Hut gebracht werden und sicherlich mit keinem anderen Ergebnis als dem bekannten: daß nach wie vor viele Zuschauer entsetzt sind über die vielen Gewaltfilme, die trotz aller Filmkontrollinstanzen als Komödie, als Unterhaltung oder als Zeichentrickfilm getarnt, über den Bildschirm laufen.

Wer ungeachtet dieser Einwände dennoch an der Hoffnung auf einen automatischen Gewaltfilter am Fernsehen festhält, den wird vermutlich auch der folgende Hinweis aus der praktischen Erfahrung mit jugendlichen Filmesehern kaum von der Nutzlosigkeit einer Gewaltfiltertechnik überzeugen. Allein die Tatsache, daß ein Film verboten ist, bewirkt, daß junge Leute neugierig auf den Film werden und nicht eher ruhen, bis sie ihn gesehen haben. Die Beschaffung solcher Filme ist für sie kein Problem.

Man muß sich also wohl oder übel verabschieden von der Illusion, die Technik, die uns die Bilderflut beschert hat, könnte uns zugleich von den damit verknüpften Problemen befreien. Und selbst wenn das Unmögliche wahr würde, wenn ein „Violence-Chip" wie die Tauben im Märchen vom Aschenputtel die guten Bilder ins Töpfchen und die schlechten Bilder der Gewalt in Kröpfchen sortieren könnte, so hätten wir doch nur einen Scheinsieg errungen, tatsächlich aber nur eine weitere Schlacht im Krieg der Bilder gegen Worte verloren.

Der Versuch, Bilderfluten säuberlich aufzuteilen in gute und böse Bilder in der Hoffnung, so unbeschadet zwischen ihnen durchzukommen, dieser Versuch ist eine Illusion und so utopisch wie die Teilung des Roten Meeres; er geht am Kern des Problems vorbei. Denn es besteht eine dialektische Beziehung zwischen „schönen" und „häßlichen" Bildern, die jedoch offenbar Angst macht und durch Spaltungsversuche abgewehrt wird.

So fällt auf, daß der öffentliche Diskurs über Film und Fernsehen, der für für die Gewichtung des Problems Gewaltbilder und für die Suche nach Lösungen von grundsätzlicher Bedeutung ist, vorwiegend nur über eine bestimmte Kategorie von Bildern geführt wird, die man generalisierend als Bilder des „Häßlichen" oder des „Bösen" bezeichnen kann. Die gegenteilige Kategorie der Bilder des „Schönen", die als Bilder des

„Guten“ gelten, bleiben hingegen unreflektiert, obwohl diese Bilder nicht weniger manipuliert und nicht weniger fragwürdig sind. Doch auch „schöne“ Bilder erzeugen unrealistische Vorstellungen und Omnipotenz-Phantasien (von ewiger Kraft, Schönheit, Jugend, Gesundheit und Bedeutung, aber auch Ängste vor Rivalität, Konkurrenz und Entwertung). Auch die „schönen“ Bilder täuschen etwas vor: Pseudoleben, Pseudoglück, Pseudoliebe, Pseudofreundlichkeit und Pseudonatürlichkeit, wo tatsächlich (denkt man an die Models, die Statisten oder Schauspieler) Verzicht auf Spontaneität und Natürlichkeit herrscht, wo Berechnung mit Maske, Ausstattung, Kleidung, Beleuchtung zur Erzeugung des „schönen Scheins“ für ein paar Sekunden herrscht. Zwischen den Bildern des „Häßlichen“ und den Bildern des „Schönen“ besteht ein dialektischer Zusammenhang, der im Medienzeitalter durch die neuen technischen Bildproduktions-Möglichkeiten eine eskalierende Eigendynamik entwickelt hat. Die Eskalation der häßlichen Bildproduktion ist das Ergebnis der kommerziellen Ausbeutung der großen, aber prinzipiell durch Bilder nicht zu befriedigenden Nachfrage nach dem „schönen Schein“. Die schönsten Photos sind letztlich tot, d.h. erstarrt in der Stilisierung des einst Lebendigen. Sie vermögen den Blick nicht dauerhaft zu fesseln, auch sie frustrieren und langweilen.

Für ein von Fluten geschönter Bilder gelangweiltes bildergieriges Publikum haben daher die häßlichen Bilder stärkeren Reiz als die schönen. Bilder, die Realität suggerieren, verlieren ständig an Attraktivität. Sie schüren das Verlangen nach immer neuen noch schöneren Bildern. Sie erzeugen Verlangen nach neuer Spannung durch andere Bilder. Spannung aber wird im visuellen Bereich vor allem durch Kontrastbildungen entwikkelt, und der stärkste mögliche Kontrast zum „schönen“ Bild ist sein Komplementärkontrast, das „häßliche“ Bild. Dieses liefert maximale Spannung, denn in häßlichen Bildern taucht all das wieder auf, was aus den schönen Bildern als störend eliminiert wurde: Krankheit, Tod, Verletzung, mörderische Aggressionen, Zerstörung, Chaos, Angst. Insofern läßt sich die These aufstellen, daß die weltweit massenhaft publizierten und konsumierten Bilder des „Bösen“ und „Häßlichen“ (Gewaltfilme, Horrorfilme) Pendants sind zu den massenhaft publizierten und konsumierten Bildern des „Schönen“. „Häßliche“ Bilder sind Spaltungsprodukte aus der Welt der „geschönten“ Bilder. Für Produzenten „häßlicher“ Filme gibt es solange einen florierenden Markt, wie der Markt des idealisierten Schönen floriert.

Es mag gerade vielen Menschen, die nur das Schöne lieben und fördern wollen besonders schwerfallen, sich eine dialektische Beziehung zwischen idealisierten „Bildern des Schönen“ und „Bildern des Häßlichen“ vorzustellen, denn sie berührt immerhin auch die Frage der Verantwortung für die moderne Bilderwelt. Wenn man davon ausgehen muß, daß jede Eskalation „schöner“ eine Eskalation „häßlicher“ Bilder nach sich zieht, ist zumindest klar, daß es nicht genügt, sich nur um die „häßlichen“ Bilder zu sorgen.

Die Funktion der Bilder für die Gesellschaft insgesamt ist dort fragwürdig, wo Bilder zum Ersatz für Leben werden und wo sich die Illusion breitmacht, man könne das Problem der Bilder in der Gesellschaft durch Spaltung in gute Bilder, die man weiterhin haben möchte, und in böse Bilder, die man einfach abschaffen möchte, lösen. Durch Zensur und Verbot kann das häßliche Bild nicht an Attraktivität verlieren, im Gegenteil. Seine Kontrastwirkung läßt sich allenfalls reduzieren durch Integration des „Häßlichen“ in den Alltag. Für Künstler, Regisseure, Intendanten, Journalisten, Pädagogen und Erzieher ist dies die eigentliche Herausforderung im Medienzeitalter.

4. Die Fixierung auf Gewaltbilder und Schuldfragen

Warum werden so viel individuelle und kollektive Energien in Versuche der Spaltung der Bilderwelt in gute (gewaltfreie) und böse (Gewalt demonstrierende) Bilder investiert? Worin liegen die Schwierigkeiten, daß diese Arbeit zu keinem Ende kommt und einer Sisyphus-Arbeit gleicht – kaum ist ein Film indiziert, kommen Dutzende neue. Muß man nicht geradezu von einer Fixierung auf Gewalt sowie auf Schuldfragen in unserer Gesellschaft sprechen?

Zum Schutz der Jugend und der Gesellschaft vor verrohenden, desorientierenden, gewaltverherrlichenden Medienprodukten wurden aus Interessenvertretern politischer und gesellschaftlicher Gruppen pluralistisch zusammengesetzte Einrichtungen wie die Freiwillige Selbstkontrolle der Filmwirtschaft (FSK) und die Freiwillige Selbstkontrolle Fernsehen (FSF) mit etwa 60 Prüfern geschaffen. Um Übereinstimmung mit den Grundsätzen der Bundesprüfstelle für jugendgefährdende Schriften (BPjS) bemüht, suchen sie die „guten" von den „schlechten" Filmen, den als „schwer jugendgefährdend und sozialethisch desorientierend" einzustufenden Bildern und Filmen, zu trennen.

Zwischen den Interessen der Filmwirtschaft und denen des Jugendschutzes haben diese Prüfstellen einen schweren Stand. Sie verrichten eine undankbare Aufgabe, für die sie selten gelobt und in der Regel von allen Seiten kritisiert werden. Den einen klassifizieren sie viel zu streng, den anderen viel zu nachlässig. Besonders dann, wenn reale Verbrechen von Kindern, Jugendlichen oder Heranwachsenden verübt wurden, für die man filmische Vorbilder finden kann, dann ertönt der allgemeine Ruf nach mehr und strengerer staatlicher Filmzensur.

Zwei kürzlich vor Gericht verhandelte Verbrechen, ausgeübt von Kindern und von 20jährigen, sind schreckliche Beispiele, die all denen recht zu geben scheinen, die bei Jugendgewalt in erster Linie die Schuldfrage stellen und zugleich eine eindeutige Antwort haben: daß Gewaltfilme schuld an der Gewalteskalation der Jugend sind. Christian aus Wegscheid bei Passau war 14 Jahre alt, als er am 2. März 1996 mit einer Axt auf seine 10jährige Kusine Michaela und seine 69 Jahre alte Nachbarin einschlug, wie es im Film „Freitag, der 13." geschehen war, den er sich immer wieder angesehen hatte, „in der Horrorschule bei Onkel Albert". „In Passau haben Richter darüber geurteilt, wer Schuld trägt, wenn ein Junge nach dem Konsum von Gruselfilmen seiner Kusine den Schädel einschlägt" (Süddeutsche Zeitung, 15.1. 1997). Markus, Kerstin, Heiko, knapp 20 Jahre alt, ermordeten in St. Tönis bei Krefeld im Februar 1996 einen Bekannten. Der Film „Natural Born Killers" lieferte ihnen das Muster zum gemeinschaftlich verübten Mord. „Ein Mord wie im Film auf der Straße zur Hölle" (Süddeutsche Zeitung, 26.3. 1997).

Solche Beispiele sind ängstigend und schockierend. Sie nötigen die Gesellschaft, sich immer wieder mit der Frage der negativen Wirkung von „bösen" Bildern und Filmen auseinanderzusetzen. Sie machen klar, daß Kinder verführbar und beeinflußbar sind und Schutz brauchen. Doch leider muß man auch sehen, daß solche Beispiele als Rechtfertigung für Problemverschiebungen und Problemspaltungen dienen, die keinen dauerhaften Jugendschutz bewirken. Man muß vielfach den Eindruck gewinnen, daß es neben der Angst und Sorge Erwachsener, die um Jugendschutz kämpfen, eine Reihe weniger altruistischer Motive gibt.

Gewaltfilme und die Frage ihrer Wirkungen auf die Jugend sind beliebte Themen, über die Erwachsenen in Wissenschaft, Medien, Pädagogik und Politik häufig auf eine unproduktive Weise streiten. Die Thematik hat zweifellos besondere Erregungsqualität, zum einen sicherlich, weil Erwachsene Angst haben, zum anderen könnten aber auch andere, auf den ersten Blick weniger deutliche Motive – kommerzielle, politische Interessen – im Streit Erwachsenen um Wirkungsfragen bei der Jugend eine gewichtige Rolle spielen.

Anhand einiger Beispiele aus dem öffentlichen Diskurs über Gewaltbilder im Kinofilm, Fernsehen und in Computerspielen sowie über eskalierende Jugendgewalt soll im folgenden gezeigt werden, wie parteipolitische, religiöse, wirtschaftliche, ideologische, kollektive und individuelle Interessen sich darin ausdrücken. Die partiellen Interessen werden meist hinter der stets in den Vordergrund gerückten allgemeinen Sorge für die Jugend verborgen. Gemeinsam ist allen, daß sie neben den sachlich wirkenden Argumenten eine besondere Erregungsqualität (für Erwachsene) aufweisen. Warum? Einige Motive, die mit der Sache – Fernsehen, Jugendgewalt – unmittelbar gar nichts zu tun haben, können mit Hilfe psychoanalytischer Perspektiven auf unbewußte Konflikte Erwachsener besser verstanden werden.

Auseinandersetzungen Erwachsener über Kinder und deren „gute" oder aber „schlechte" Entwicklung weisen, wie die Psychoanalytikerin Thea Bauriedl dargelegt hat, häufig Züge eines unbewußten Arrangements, einer Art Arbeitsteilung auf. Modellhaft sind solche Prozesse in Familien zwischen Vätern und Müttern etwa oder auch zwischen Großeltern und Eltern zu beobachten. Der äußere Eindruck, daß es nur Dissens gibt, nur Entweder-Oder, stimmt nicht ganz. Hinter dem konkurrierenden und oft eifersüchtigen Ringen zweier Bezugspersonen darum, was für das Kind am besten sei, wer es am besten verstehe oder aber im Gegenteil, wer was falsch mit dem Kind mache, gibt es eine Art unbewußten Pakt.

Durch die Erforschung familiendynamischer Zusammenhänge machte Bauriedl z.B. mit der Frage, ob und wieviel Schutz ein Kind braucht, darauf aufmerksam, wie Erwachsene Probleme zwischen sich spaltend aufteilen können. Wer dabei aus Gründen der eigenen Biographie den Schutzaspekt betonen muß, tendiert dazu, ein Kind eher als schwach einzuschätzen. In der Folge wird er zur Bestätigung seiner Einschätzung bevorzugt Informationen über reale Schwächen und Gefahren, die nach Schutz verlangen, heranziehen. Ist aber solchermaßen, die Schutzfunktion in der Familie von einem Elternteil besonders stark besetzt, so kann der andere Elternteil die Sorge um den Schutzgedanken seinem Partner überlassen, während er seinerseits eine komplementäre Position, „das Kind braucht Freiheit", „es ist stark genug, sich selbst zu schützen", vertreten kann.

Was von außen betrachtet als Streit zwischen Eltern um die richtige Position gegen die des anderen erscheint, ist von der inneren Struktur der Paarbeziehung her, wie Bauriedl nachweist, ein freilich unglückseliger Versuch, zwei schwer zu vereinbarende Teile einer Wahrheit (das Kind braucht beides, Schutz und Freiheit) in der Familie zu vertreten. Keiner der Eltern hat also ganz Recht oder ganz Unrecht. Eltern, die ihre unbewußte Arbeitsteilung (bis hin zur Spaltung von unvermeidlichen Ambivalenzen) verstehen, können sich wechselseitig eher respektieren, sie müssen sich nicht nur kritisieren oder entwertend bekämpfen. Sie haben die Chance, wieder einen eigenen Zugang zu den Anteilen, die sie jeweils an den anderen „abgetreten" haben, zu finden.

Auch im außerfamiliären Bereich, etwa im Diskurs um Film, Gewalt und Jugendschutz lassen sich den familiären vergleichbare, spaltende Beziehungsstrukturen nachweisen. Anhänger der Position „zu schwach" solidarisieren sich dort mit der Seite, bei der sie nur die Schwächen sehen. Daher betonen sie die Gefahren und verlangen folgerichtig gegenüber Bildern der Gewalt viel mehr staatlichen Schutz, Verbote und Verkaufsbeschränkungen und strafbewehrte Indizierungen. In Diskursbeiträgen zielen Anhänger des Schutzgedankens darauf ab, intensive Gefühle von Angst und Bedrohung, (wie sie sie selbst haben) suggestiv durch bestimmte Strategien in der Argumentation zu vermitteln: Sie häufen allgemeine Klagen über Orientierungslosigkeit, Werteverlust, Elternversagen, Demokratieverlust zu Katastrophenszenarien an. Sie beschwören vielfach eine allgemeine dumpfe Krisenatmosphäre, die förmlich nach Rettung schreit.

Anhänger der komplementären Position, „das Kind ist stark genug", „Kinder brauchen keinen Jugendmedienschutz, keine Filmzensur", „Kinder kommen alleine mit Filmen zurecht" – verfolgen im Prinzip eine ähnliche Strategie. Sie lehnen jede staatliche Politik der Zensur von Gewaltfilmen gänzlich ab und vertreten die Ansicht, es genüge, gelassen abzuwarten, das Problem Kind und Fernsehen erledige sich von selbst.

Stark polarisierte und festgefahrene pro-und-contra-Diskurse, wie die Diskussionen um Jugend, Gewalt und Fernsehen, die seit Jahren zu keinen neuen Lösungen führen, sondern eher einem Schlagabtausch und der Wiederholung altbekannter einseitiger Argumente und Positionen dienen, kann man als Belege für (kollektiv) spaltenden Umgang mit einer Problematik verstehen. Der Diskurs über Gewalt im Bild und seine Wirkung auf die Jugend hat, wie zu zeigen sein wird, unter anderem die Funktion, von geschlechts- und generationsspezifischen Konflikten Erwachsener untereinander abzulenken. So wird er als Bühne benutzt, auf der, verborgen hinter den Motiven der Sorge, Gefechte Erwachsener vor allem um ihre eigenen Interessen ausgetragen und wechselseitige Schuldzuschreibungen plaziert werden. Seltenheitswert hat es, wenn andere Motive zugegeben werden, wie etwa im Jugendmedienschutz-Report des Jahres 1992, wo es über eine Tagung der Deutschen Gesellschaft für Jugendschutz e.V. im November 1991 hieß, „daß die Rezeption von Gewaltdarstellungen und Horror manchem Referenten selbst Spaß mache, ließ der eine oder andere erkennen. Danke für soviel Ehrlichkeit“. Dem Rezensenten war auch erwähnenswert, wie sich auf Tagungen des Jugendschutzes gegen Gewalt ein spezifisches Kampfvokabular ausbildete, „die besonderen Kriegs- und Sportmetaphern des Podiums dürfen nicht unerwähnt bleiben, an die Startlöcher, an die Gewehre, die Kämpfe für den Jugendschutz, die Schwerter kreuzen, das Indizierungsverfahren als scharfes Schwert, Feuer frei als Aufforderung für Diskussionsbeiträge, ins Gefecht bitten, Flankenschutz geben, hineinkatapultiert werden, neue Munition, kein Verzagen, weiterkämpfen“. (Gerhard Glück, Das „scharfe Schwert“ gegen Gewalt in den Massenmedien, in: JMS-Report 15 (1992) H. 1, S. 8.)

Gewaltthemen lassen sich – so die Erfahrung in vielen Projekten zur Analyse von Gewalt im Film, nicht rein sachlich und emotionsfrei abhandeln. Gewaltfragen emotionalisieren und lösen regelmäßig Abwehrreaktionen unterschiedlicher Art bei Jung und Alt, bei Männern und Frauen aus. Damit sie den Diskurs nicht behindern, nicht die Suche nach Lösungen blockieren, ist es daher von einiger Bedeutung, Emotionen und verdrängte Motive eingehender zu erforschen.

Jugend- Gewalt-Fragen werden vielfach mit einer besonderen Erregungsqualität präsentiert. Überschriften von Zeitungsartikeln, die sich mit der Thematik befassen – nicht nur solche der Boulevardpresse, sondern auch seriöser Zeitungen und auch in Publikationen mit wissenschaftlichem Anspruch – lassen die Absicht erkennen, Leser in Beunruhigung zu versetzen.

Viele Titel wecken ein lustvoll schauderndes Interesse Erwachsener an der Gewaltproblematik der Jugend: „Angst haben ist so schön“; „Nie hat es soviel Spaß gemacht. Brutales in den Medien“; „Exzesse der Gewalt“; „Geil auf Gewalt – Psychoanalytische Bemerkungen zu Adoleszenz und Rechtsextremismus“; „Zunehmende Gewaltbereitschaft von Kindern und Jugendlichen“. Beispiele aus dem Nachrichtenmagazin „Der Spiegel“ aus den Jahren 1990–1995 zeigen die Instrumentalisierung im Dienste journalistischer Spannungsdramaturgie. „"Nachts, wenn der Lyncher kommt“, „Hoffen auf den geilen Fight“, „Party bis zum Einsargen“, „Ekelhafte Wirklichkeit, gewalttätige Übergriffe gegen mißliebige Debatten bei Träger- und Kulturveranstaltungen mehren sich“; „Dann macht er dich kalt“, „Wie rechtsextreme Jugendbanden Ausländer und Deutsche terrorisieren“, „Barrieren gegen Blut und Busen“; „wo lernt man das denn?“; „Gestört und seelisch tot“; „Gewalt und Gefühlsarmut verändern das Leben an Schulen“.

Im Fernsehen ist die Tendenz, lustvolle Spannung aus Gewaltthemen zu beziehen, um Informationen unterhaltsam zu machen, besonders deutlich. Als Beispiel dafür dient im folgenden eine nach den Briefbombenattentaten (u.a. auf die Moderatorin Arabella Kiesbauer) ausgestrahlte Magazinsendung. In „Hautnah“, moderiert von Kerstin Graf im Sender Pro Sieben, waren am Abend des 12. Juni 1995 dem aktuellen Anlaß rechtsradikal motivierter Briefbombenattentate entsprechend Gewaltthemen angesagt. Zunächst wurden Interviews mit

Opfern früherer Anschläge gezeigt, unter anderem trat der Wiener Bürgermeister Zilk auf, der seine verkrüppelte Hand erstmals öffentlich demonstrierte, und schließlich die junge Moderatorin Arabella Kiesbauer, das glücklicherweise unversehrte Opfer des aktuellen Anschlags. Sympathische junge Frauen, Betroffenheit bei allen, man war sich einig im Saal: Wie kann jemand so etwas machen? So weit, so gut. Dann aber sind Täter gefragt. In Ermangelung der eigentlichen (Briefbomben-) Täter wird nun die Problematik „Gewalttätigkeit" auf paradoxe Weise ins Allgemeine gewendet und dennoch am konkreten Beispiel eines einzigen Jugendlichen festgemacht. Einer wird vorgeführt, der keck in die Kamera spricht, er wolle gewalttätig sein. Seine Aussagen vor der Kamera werden zerstückelt und montiert als Illustrationen für die ebenfalls zerstückelten Erklärungen einer Psychoanalytikerin für Kinder und Jugendliche.

Inhaltlich ist alles korrekt und wichtig. Aber mit der Fokussierung auf ein junges Gesicht haben die Gewaltprobleme jetzt einen Ort, ein spezielles Jungengesicht, das lange Zeit zu sehen ist. Zuschauer bekommen einen sich unbelehrbar gebenden Jungen angeboten zur Illustration der generalisierenden Frage „Was ist los mit unseren Kindern". Die kompetenten Antworten der Fachfrau gehen im Stakkato schneller Schnitte unter. Aber die Dramaturgie begnügt sich nicht mit dem Gesicht eines einzigen uneinsichtigen Jungen, sondern fügt krampfhaft passend gemachte dramatische Bildeffekte bei. Scheinbar in Übereinstimmung mit der Frage, wohin das alles führe, werden abschließend dramatische Gewaltszenen kämpfender, rennender und brennender Männer vorgeführt. Daß es sich dabei allerdings nicht um Wirklichkeit handelt, sondern um die aufregendsten Ausschnitte aus der Stuntshow, die Film-Studio-Tour Babelsberg regelmäßig seinen Besuchern vorführt können Fernsehzuschauer in der Eile kaum erkennen – und das ist auch die Absicht der Regie: Hauptsache alles ist für die abendlichen Fernsehzuschauer dramatisch spannend und aufregend. Durch mutwillige Zusammenschnitte wird der Gesamteindruck erzeugt, daß irgendwie alles mit der Gewalt der Jugend und den Briefbombenattentaten zusammenhängt und außer Kontrolle gerät. Bürger zu Hause werden angesichts solcher filmisch vermittelten Bedrohungen den starken staatlichen Arm herbei sehnen, der endlich Ordnung schafft, damit die Guten vom Bösen (Kind bzw. Film) befreit werden.

Woran liegt es, daß Fragen der Jugendgewalt besonders aufregend sind für Erwachsene? Einiges spricht dafür, daß Erwachsene sich dabei in zweifacher Weise herausgefordert fühlen. Zum einen, um ihre Ordnung, ihren Besitz, ihre Macht gegenüber den Jungen zu verteidigen. Erwachsene sind es, die aus der Sicht der nicht Volljährigen über ökonomische und rechtliche Verfügungsmacht (Geld, Wissen, Produktionsmittel) über Kinder und Jugendliche besitzen. Daß es dabei riesige Unterschiede zwischen Erwachsenen gibt, spielt für Kinder zunächst keine Rolle. Schwieriger noch aber ist, daß Erwachsene, weil sie im Zusammenhang mit der Thematik Jugend und Gewalt auch an ihre persönlichen Erfahrungen geraten, bewußt oder unbewußt Abwehrversuche machen. So können sie sich etwa mit Opfern identifizieren oder aber, um aggressive Anteile loszuwerden, Projektionen vornehmen.

Es gibt viele „Gewaltfilme“, die aggressive Phantasien Erwachsener gegenüber Kindern bedienen. Sie stellen die tatsächlichen Verhältnisse zwischen Kindern und Erwachsenen gleichsam auf den Kopf. Ein filmisches Beispiel für projektive Abwehr aggressiver Phantasien Erwachsener gegen das Kind ist der Film „Mikey“, (gesendet am 28.9. 1995 in Pro Sieben), der die Geschichte eines Adoptivjungen erzählt. Mit unschuldigem Gesicht wird ein Kind als kaltblütiger Mörder, der seine diversen Adoptiveltern umbringt, gezeigt und verkörpert so das absolut bösartige, männliche Kind gegenüber den guten Erwachsenen. In Umkehrung der realen Machtverhältnisse behauptet der Film, daß vom undankbaren Kind tödliche Bedrohung ausgeht. So inzeniert der Film projizierte Ängste von Eltern vor ihren Kindern – uralte Menschheitsängste, dramatisch zum Ausdruck gebracht schon im griechischen Mythos vom vatermordenden Sohn Ödipus.

5. Worüber regen wir uns auf? Der Primat fiktiver Gewalt in der öffentlichen Aufmerksamkeit

Über die vielen Toten im Fernsehen erregen sich viele Erwachsene. Im Fernsehen zählen sie Leichen und klagen darüber, daß junge Menschen sie dort viel zu häufig sehen. Und in der Realität? Wie ist es da um die allgemeine Aufregung gegenüber gewaltsam zu Tode gekommenen Menschen bestellt? Müßte man nicht beschämt zugeben, daß ein grotekes Mißverhältnis besteht zwischen der großen öffentlichen Aufregung über fiktive Tote im Film und der relativ geringen Aufregung über reale Opfer von Gewalt im Alltag im Lande? Wenn es um Gewalt mit Todesfolge geht, kann man, Realität und Fiktion vergleichend, fragen – obwohl solche Vergleiche unüblich sind –, wie werden Fakten gewichtet und interpretiert? Welche kollektiven unbewußten Absichten führen dazu, die fiktive Gewalt mehr zu dramatisieren als die reale?

Das folgende Beispiel ist eine Meldung auf der Titelseite einer überregionalen Tageszeitung, die sich auch dem flüchtigen Leser einprägt. „Weniger Verkehrstote auf deutschen Straßen. Die Zahl der Verkehrstoten in Deutschland ist im vergangenen Jahr um 1,7% auf 9777 zurückgegangen. In Westdeutschland, wo im vergangenen Jahr 6786 Menschen im Straßenverkehr starben, wies die Statistik gar die niedrigste Zahl seit 1953 auf. Gegenüber dem Vorjahr sank die Zahl der Verkehrstoten im Westen um 2%. In den neuen Bundesländern und in Ostberlin, wo die tödlichen Unfälle nach der deutschen Vereinigung rapide zugenommen hatten, sank die Zahl der Verkehrstoten im Vergleich zum Vorjahr um 1,1%". (Süddeutsche Zeitung, 20.2.1995)

Bereits die Plazierung der Nachricht auf dem Titelblatt drückt den Stellenwert aus, den man ihr zuweist. Die Meldung selbst wirkt rein sachlich. Was faktisch völlig korrekt ist, die

Betonung des Rückgangs, wird zum Problem, wenn man zu rechnen beginnt und die Zahl 9777 Tote pro Jahr umrechnet auf Wochen und Tage, dann ergeben sich 184 Tote pro Woche oder 27 pro Tag. Diese Tatsache müßte erschrecken, sie entspricht ungefähr der Schülerzahl einer Klasse.

In der Formulierung der Nachricht aber geht es nicht um die Vorstellung der tatsächlichen Größe einer Gefahr, sondern um ihre Relativierung, wenn von „Abnahme" und „zurückgegangen" oder von der „niedrigsten Zahl", vom „sinken" gesprochen wird. Die Abnahme wird nicht nur im Minimalbereich (unter 2%) durchgespielt, sie wird auch noch historisch vergleichend betont: Schlußendlich wird so Beruhigung produziert, nicht aber, was der Zahl tatsächlich angemessen wäre, nämlich Beunruhigung über alltägliche Gewalt im deutschen Straßenverkehr.

Dieses Beispiel kollektiver Gefahrenabwiegelung gibt Anlaß zur Frage, ob die Proportionen der öffentlichen Aufregung um Tote und um Gewalt stimmen. Welche Wirkung hat es auf die Glaubwürdigkeit Erwachsener, die sich über Jugendgewalt entrüsten, wenn Jugend beobachtet, wie Erwachsene sich öffentlich weit heftiger über die fiktiven Toten, die Jugendliche in Fernsehfilmen und Computer-Feldspielen sehen, erregen als über reale Tote im deutschen Alltag? Warum wird in der Gesellschaft weniger über die reale tägliche Aggressivität in ihrer Mitte diskutiert als über die fiktive Bedrohung im Bereich der Bilder und Bildwirkungen? Die Ungleichgewichtigkeit in der öffentlichen Aufmerksamkeit ist aus psychoanalytischer Sicht das Indiz für die Wirksamkeit einer kollektiven Abwehrstrategie Erwachsener, die ihre (z.B. motorisierten) Formen von Gewalt offenbar nicht als Gewalt begreifen, sondern sie von vornherein säuberlich getrennt halten und so vor öffentlicher Problematisierung verschonen will.

Die Frage nach dem Umgang mit Bildern der Gewalt in Deutschland hat auch eine wenig beachtete politisch-historische Dimension vor dem Hintergrund des Nationalsozialismus und seiner Folgen bis in die Gegenwart. In der Tendenz der Gesellschaft, Gewalt in der Realität adäquate Aufmerksamkeit zu verweigern und statt dessen Gewalt in Bildern als zentrale Bedrohung für Kinder zu bekämpfen, lassen sich kollektive Anstrengungen der Abwehr gegen die Wiederkehr und die Offenbarung verdrängter Realitäten erkennen. Denn die Gefahr sittlicher Verrohung und sozialethischer Desorientierung in Deutschland für Kinder und Jugendliche geht weniger von Bildern aus als vielmehr von realen negativen historischen Vorbildern menschlichen Handelns in der NS-Zeit.

Die heftigen Anfeindungen, die gegen die von Jan Philipp Reemtsma initiierte Ausstellung über Verbrechen der deutschen Wehrmacht im Zweiten Weltkrieg vorgebracht wurden, zeugen von der ungebrochenen Angst in Deutschland, das (idealisierte) Bild von Söhnen, Vätern und Großvätern könnte zerstört werden, wenn Kinder und Enkel mit eigenen Augen sehen könnten, welche mörderische Gewalt in der Realität von Deutschen geübt wurde.

Bilder der Gewalt auf Kriegsfotos bringen ans Licht der Öffentlichkeit, was im Zivilisationsprozeß der Menschheit tabuisiert und verdrängt wurde: Mordlust, Inhumanität und perverser Sadismus. Und ganz allgemein lassen sich Ängste Erwachsener vor den Folgen dessen, was böse Bilder bei Kindern anrichten könnten, als Signalängste begreifen, die kollektive Beunruhigungen erzeugen müssen. Max Horkheimer und Theodor W. Adorno haben die fundamentalen latenten Bedrohungen der Zivilisation durch archaische Möglichkeiten menschlichen Zusammenlebens beschrieben.

Zweifellos gibt es große Sorgen und Ängste von Erwachsenen um die Jugend, aber es gibt nicht weniger Ängste vor der Jugend. Seit Menschengedenken sehen solche Ängste recht ähnlich aus: „Die heutige Jugend ist von Grund auf verdorben, sie ist böse, gottlos, faul. Sie wird nie wieder so sein wie die Jugend vorher, und es wird ihr niemals gelingen, unsere Kultur zu erhalten.“ So klagten schon vor 2000 Jahren die Alten über die Jungen. Und vom Ahnherren klassischer Philosophie Sokrates erfahren wir „Unser Jugend liebt den Luxus. Sie hat schlechte Manieren, mißachtet Autorität und hat keinen Respekt vor dem Alter. Die heutigen Kinder sind Tyrannen. Sie stehen nicht mehr auf, wenn ein älterer Mensch das Zimmer betritt, sie widersprechen ihren Eltern, schwätzen beim Essen und tyrannisieren ihre Lehrer".

Autoren des 20. Jahrhunderts, Heidrun Bründel und Klaus Hurrelmann, schreiben 1994 an repräsentativer Stelle (Beilage zur Wochenzeitung Das Parlament, Hrsg. Bundeszentrale für Politische Bildung) „Es scheint so, als brauche Gewalt weder Anlaß noch Ziel, als genüge und rechtfertige sie sich selbst. Willkür und Sinnlosigkeit kennzeichnen viele Gewalthandlungen der letzten Zeit." Und weiter heißt es „Kinder und Jugendliche schlagen heute schon bei nichtigen Anlässen schneller und mitleidloser zu als früher. Besonders beunruhigend ist die schleichend wachsende ganz alltägliche Gewaltbereitschaft von Schülern, ihr fehlendes Mitgefühl und ihre sinkende Hemmschwelle. All dies führt dazu, daß auch dann noch geprügelt wird, wenn das Opfer schon am Boden liegt. Große Sorge bereitet des fehlende Unrechtsbewußtsein und die fehlende Verantwortung für den anderen. Ordnungs- und Erziehungsmaßnahmen werden häufig nur als Schikane empfunden, die Täter/Opfer-Situation wird auf den Kopf gestellt, der Angeklagte macht sich zum Ankläger".

Aus psychoanalytischer Sicht gibt es keine grundlosen Aggressionen. Doch man kann auch nicht erwarten, daß Täter unmittelbar per Befragung ihre Gründe erklären. Das ist keine Frage des Willens. Verdrängte Gründe, und um solche handelt es sich häufig, sind per definitionem dem unmittelbaren Zugriff bewußter Überlegung entzogen. Kindliche Aggression heute als grundlos zu bezeichnen, zeugt daher von bewußter Abwehr psychoanalytischen und pädagogischen Wissens und dient mehr der allgemeinen Angsterregung zur Solidarisierung Erwachsener als der Erklärung von Gewaltproblemen.

Mike z.B. wurde polizeilich angezeigt, er habe einen Mitschüler grundlos in den Unterleib getreten. Zu diesem Schluß waren Lehrer, Polizei und Eltern gekommen, weil Mike nicht wußte, wie er in Worte fassen sollte, was er erlebt hatte. Mike war sieben Jahre alt, und niemand hätte ihm geglaubt, wenn er gesagt hätte, daß er eigentlich einen Freund haben und daß er endlich nicht mehr nur der Sündenbock der Klasse sein wollte. Man hätte ihm gesagt, „Du spinnst" und ihn, wie der Lehrer es dem Vater gegenüber tat, für „verrückt" erklärt. Von grundloser Gewalt kann nur reden, wer nicht bereit ist, tiefer nach Gründen zu forschen.

Wenn heute die „Alten", die Inhaber von Macht und Geld, klagen, daß die Jugendgewalt eskaliere, daß sie grundlos sei, kein Erbarmen kenne, daß sie aus purer Lust an der Gewalt geschehe, dann weisen ihre Gedanken daraufhin, daß sie (die Väter und Mütter) fundamentale Ängste um ihr Leben und Ängste vor potentieller mörderischer Aggressivität der Jugend, meist der jungen Männer (der Söhne) haben. König Laios, so kann man die Generationskonflikte der Ödipussage auch verstehen, war ein klassischer von Angst vor dem eigenen Sohn getriebener Vater. Von Geburt an unterstellte er ihm (als Weissagung formulierte) mörderisch-aggressive und inzestuöse Handlungen gegenüber seinen Eltern und verstieß , um sich zu retten, seinen Sohn.

6. Sündenbock Fernsehen – die Verschiebung von Problemen

Montags sind Kinder besonders schwierig, unruhig und unkonzentriert. So wird in Schulen und Kindergärten geklagt. Erzieher und Lehrer vertreten wie Politiker die Meinung, Fernsehen, speziell Gewaltfilme, seien für die kindliche Unruhe verantwortlich. Dieses populäre Denken zeugt von einer gesellschaftlichen Fixierung auf den Sündenbock Fernsehen und vor allem den Gewaltfilm. Es entlastet offensichtlich die Gesellschaft von Fragen nach ihren Anteilen an der Problematik. Etwa die Tatsache, daß der Konsum von „Gewaltfilmen“ nicht auf das Wochenende beschränkt ist, zum anderen, daß Gewalt sich nur im Genre Gewaltfilm manifestiert, und schließlich bleibt dabei die familiäre Dynamik meist völlig außer acht. Und das gleiche gilt für die kinderfeindlichen Mietverträge vieler Wohnungen und Siedlungen. Die Erklärung, Filme verursachten kindliche Unruhe, lenkt tatsächlich ab von tiefergehenden Fragen, was eigentlich sonst für Kinder am Wochenende problematischer als unter der Woche sein könnte.

Die familiäre Situation vieler Familien bedingt, daß das Wochenende, wenn Familienmitglieder mehr Zeit zuhause verbringen können bzw. müssen, keineswegs automatisch für alle Kinder nur positiv ist, sondern ebenso eine erhöhte Streßsituation bedeuten kann. Weil die Menschen enger als unter der Woche aufeinander treffen, können alle diejenigen Konflikte aufbrechen, denen die Familiemitglieder im Laufe der Woche durch Außenkontakte ausweichen können, weil jeder seine eigenen Arbeiten und Ablenkungen in Beruf, Schule oder beim Einkauf hat. An Wochenenden und an Feiertagen treten Differenzen der Familienmitglieder unausweichlicher zutage als sonst, daher ist Freizeit nicht nur entspannend und erholsam, sondern kann sich auch als emotionaler und sozialer Streß erweisen.

Oft häufen sich auch hochgesteckte Wünsche der Familienmitglieder aneinander, und die Erwartungen gehen schon deshalb allzu leicht in die Brüche, weil es so schwierig ist, es allen in gemeinsamen Aktivitäten recht zu machen. Und oft fühlen sich Kinder bei Unternehmungen Erwachsener gelangweilt, mitgeschleppt oder festgeschnallt auf viel zu langen Autofahrten. Und oft werden Kinder und Jugendliche weit mehr als unter der Woche von Erwachsenen gegängelt.

Die Situation von Kinder aus Scheidungsfamilien ist am Wochenende besonders belastend, wenn sie getrennt lebende Elternteile besuchen, so daß ihnen dann unweigerlich wieder am Sonntagabend Abschiede bevorstehen. Es sind ja Trennungen, die den Kindern vorgeschrieben werden, die sie selten billigen und emotional schwer verkraften, auch wenn sie ihre Notwendigkeit verständig einzusehen bereit sind und erstaunlich vernünftig nach außen hin reagieren.

Andere Kinder müssen am Wochenende immer wieder auf kränkende Weise erleben, daß sie in der Gesellschaft unerwünscht und lästig sind. Sobald sie sich lebhaft bewegen, wie es zu Kindern gehört, werden sie, weil die Erwachsenen ihre Ruhe haben wollen, als störend kritisiert und vertrieben vom Hausmeister, der auf die Hausordnung verweist, die die Eltern unterschreiben mußten. Dort heißt es z.B.: „In den Grünanlagen soll ruhestörender Lärm vermieden, die Ruhe von 13–15 Uhr sowie abends ab 19 Uhr gewahrt werden. In diesen Zeiten ist der Aufenthalt in den Anlagen untersagt. Das Betreten der Rasenflächen … ist untersagt. Der Mieter hat seine Kinder ausreichend zu beaufsichtigen und über den Inhalt seiner vertraglichen Verpflichtungen aufzuklären."

Ist es nicht inhuman, wie Erwachsene Tag für Tag mit den entwicklungsbedingten motorischen und spielerischen Grundbedürfnissen von Kindern und Jugendlichen umgehen? Was geht über Jahre hinweg in einem Kind vor, das am Vormittag stundenlang in der Schule stillsitzen muß und auch danach – weil Erwachsene drei Stunden Mittagsruhe fordern – zuhause wiederum still bis 15 Uhr verharren muß? Was ist in einem Kind vorgegangen, wenn es endlich nach unzähligen Schimpfereien begriffen hat, daß die Ruheinteressen Erwachsener Vorrang vor seinen Bewegungsbedürfnissen haben? Wie wird ein solches Kind, wenn es nicht deprimiert vor dem Fernseher landet, als Jugendlicher reagieren? Wäre es nicht verständlich, wenn Jugendliche, sobald sie sich stark genug in einer Gruppe Gleichgesinnter fühlen, ihr Kofferradio gerade extra laut aufdrehen, um die zu stören, die sie nörgelnd jahrelang drangsalierten?

Vor dem Hintergrund solcher Überlegungen wird das populäre Argument, die Filme, das Fernsehen seien für die Montagsunruhe verantwortlich, fragwürdig. Es befreit aber scheinbar Erwachsene von kritischen familiären, aber auch gesellschaftlichen Fragen über den Stellenwert, den sie Kindern in ihrer Gesellschaft einräumen.

7. Jugendschutz – eine Sisyphusarbeit

Im Streit Erwachsener darüber, was junge Menschen sehen bzw. spielen oder aber nicht sehen und spielen sollen, scheinen sich unvereinbare Fronten, Jugendschützer auf der einen und Verteidiger der Medienfreiheit auf der anderen Seite, gegenüber zu stehen. Beide beanspruchen, die Interessen der Jugend vor sozialethischer Desorientierung und Verrohung (die einen) bzw. vor staatlicher Bevormundung (die anderen) zu schützen. Zum Schutze der Jugend gegenüber Gewaltfilmen prüft – nur auf Antrag von antragsberechtigten Instanzen wie Jugendämtern – die Bundesprüfstelle für jugendgefährdende Schriften, die dem Bundesministerium für Frauen und Jugend untersteht, Filme. Die Freiwillige Selbstkontrolle der Filmwirtschaft in Wiesbaden (FSK) spricht Altersempfehlungen aus, und die seit 1995 bestehende Freiwillige Selbstkontrolle Fernsehen (FSF) berät Fernsehsender. Filmprädikate vergibt die Filmbewertungsstelle Wiesbaden (FBW), eine Verwaltungsbehörde beim Hessischen Kultusministerium.

An dem folgenden konkreten Fall eines behördlichen Eingriffs – einer „Indizierung" – in die Medienfreiheit zum Jugendschutz kann zum einen abgelesen werden, welchen Aufwand an Zeit und Arbeit eine Indizierung bedeutet und zum anderen, wie begrenzt ihre Wirkung in einem auf schnelle Verbreitung ausgelegten Geschäft ist. Der mediale Unterschied zwischen Video, Computerspiel und Film spielt im folgenden Beispiel ebensowenig eine Rolle wie die Frage, welche Institution im Dienste des Jugendschutzes aktiv ist.

Untersucht man die Argumente beider Seiten, so fällt auf, daß Jugendschützer und Vertreter des freien Marktes nicht nur gegeneinander arbeiten, sondern daß sie gleichzeitig, ohne daß es ihnen bewußt ist, zusammenwirken. Hinter der jedermann deutlichen strittigen Ebene gibt es offenbar eine verborgene

Ebene übereinstimmender Interessen Erwachsener an der Gewaltthematik, von der beide Seiten, wenngleich auf unterschiedliche Weise, profitieren. Zunächst geht es um das Problem der sprachlichen Erfassung von Gewalt im Bild auf Realitäts- und Phantasieebene, denn dabei treten bemerkenswerte Vermischungen auf.

Das Geschäft mit der Faszination von Gewaltbildern in Film und Commputerspielen beruht unter anderem darauf, daß Anbieter raffiniert im Grenzbereich gesellschaftlicher Tabus operieren. Sie stellen die Grenzen des guten Geschmacks und der Moral permanent in Frage bzw. umgehen sie trickreich. Durch die gesetzliche Regelung, daß Indizierungen im einzelnen und nicht nur pauschal nachzuweisen sind, verfolgen Hersteller die Tendenz, den Gewaltpegel eines Produktes insgesamt bis an die Grenze des Erlaubten anzuheben und in wenigen einzelnen Szenen zu überschreiten. Wenn Jugendschützer dann Einwände gegen einzelne gewaltverherrlichende oder grausame Bildabfolgen vorbringen und begründen müssen, werden diese, ohne daß dadurch der Gewaltcharakter des Filmes verändert ist, einfach herausgeschnitten.

Das Beispiel „Mortal Combat" zeigt, wie schwer es Männern und Frauen im Bereich des Jugendschutzes fällt, begrifflich klar und justiziabel genau über Gewaltbilder und -spiele und ihre Folgen in dem schwierigen Grenzbereich von Phantasie und Realität zu argumentieren, als hinge wesentlich von dieser Unterscheidbarkeit – realistisch oder phantastisch – die Sicherheit oder aber die Bedrohung von Kindern ab. Am 31. März 1994 wurde das Computer-Videospiel mit dem Titel „Mortal Combat" (Hersteller SEGA Enterprises Japan), ursprünglich ein Automatenspiel, von der Bundesprüfstelle rechtswirksam als jugendgefährdend indiziert. Zwei Jugendämter, das Stadtjugendamt Köln und das Kreisjugendamt Limburg-Weilburg, hatten das Verfahren zur Indizierung für das Computerspiel „Mortal Combat" (SEGA-Version e./Nr. 4605) bei der Bundesprüfstelle für jugendgefährdende Schriften beantragt. Zusammen mit ihrem Antrag hatten sie eine Begründung, warum sie das Spiel für „jugendgefährdend im Sinne des

Paragraphen 1 des Gesetzes über die Verbreitung jugendgefährdender Schriften" halten, eingereicht mit zwei verschiedenen Spielversionen, wie es das Antragsverfahren vorschreibt. Frist- und formgerecht wurde daraufhin die vertreibende Firma in München informiert, die ihren Rechtsanwalt bevollmächtigte, dem Antrag zu widersprechen. Drei Gutachter der Bundesprüfstelle sahen sich in der Folge beide Spielversionen an und fällten am 16. März 1994 einstimmig die Entscheidung zur Indizierung Nr. 4605 (V), die am 31. März 1994 im Bundesanzeiger Nr. 63 veröffentlicht und damit rechtswirksam und das heißt strafbewehrt wurde.

Mit einer Indizierung verschwinden diese Spiele aber keineswegs vom Markt Erwachsener, damit ist nur der Zugang der Produkte zum Markt so reguliert, daß Jugendliche mit der Ware nicht beliefert und beworben werden dürfen.

In der Begründung schildern die Gutachter die Grundzüge des Spiels, kritisieren die gesamte Spielabsicht und äußern sich zu Spielidee, Frage der Phantasie und des Realitätsgrades sowie der Zielgruppe und ihrer Gefährdung.

Zur Untermauerung ihres Urteils erläutern die Prüfer, es sei wissenschaftlich erwiesen, daß es keine aggressionsvermindernde kathartische Wirkung von Gewaltdarstellungen gäbe, daß vielmehr die These anzunehmen sei, daß Gewalt auch in „sauberer Form" negative Wirkungen erzeuge. Der Spieler, so die Jugendämter, werde „einzig und ausschließlich im Sinne der Ausführung brutaler Kampfhandlungen an Personen gefordert, die, trotz teilweiser Einkleidung in fiktive Gestalten, eindeutig als menschliche Wesen erkennbar sind. Die Gefahr einer Verrohung bzw. Abstufung gegenüber gewalttätigen Handlungen berge nicht zuletzt die Schlußsequenz jeder einzelnen Kampfhandlung, die die endgültige Liquidation des bereits wehrlosen, torkelnden Gegners fordere und dadurch explizit positiv verstärke".

Im Detail wird die Indizierung unter anderem so begründet: „Dem ... Spieler stehen ... diverse wuchtige Kopf-, Knie-, Ellbogenstoß-Varianten, Tritte und Hiebe zur Verfügung, deren Einwirkung auf den gegnerischen Körper sowohl akustisch als auch visuell anschaulich simuliert werden.“ Als besonders negativ wird hervorgehoben: „Erfolgserlebnisse garantieren jedoch besonders wuchtige Attacken der eigenen Spielfigur, die der Computer stets mit einem gesprochenen Wort ‚exzellent‘ honoriert und weiterhin den Gegner in hohem Bogen zu Boden gehen läßt.Der Ausgang der einzelnen Kampfrunden gestaltet sich stets gleich, der Verlierer sieht sich bereits wehrlos taumelnd einer finalen Attacke des Gegners ausgesetzt. Die auf dem Bildschirm erscheinenden Worte ‚finish him‘, unterstützt durch die Möglichkeit, das ohnmächtig ausgelieferte Gegenüber in der ‚Brückenversion‘ mittels Finalschlages in einen mit Metallspitzen bewehrten Abgrund zu befördern, lassen an der Art des programmimmanent geforderten Sieges keinerlei Zweifel.“

Mortal Combat“ variiert wie viele Spiele seiner Art zwanghaft Einzelkämpfersituationen von Männern (und einer Frau), es zelebriert typische Angriffs- und Verteidigungssituationen im Bild und verlangt vom Spieler nur schnelle Knopfdruckreaktionen im richtigen Augenblick. So verständlich der Ärger und das Entsetzen der für Indizierung plädierenden Erwachsenen über solche Kampfsimulationsspiele ist, so zeigt sich doch in der Begründung eine eigentümliche Verwischung der Ebenen von Realität und Symbol, die sich in Gleichsetzungen von Handlung und Phantasie äußert. In der Begründung der Indizierungsentscheidung führt das Dreiergremium aus:

„Die Mortal Combat-Version der Spielkonsole SEGA MEGA Drive fordert den Nutzer einzig im Sinne der Perfektionierung brutaler, jeglicher sportlicher Fairness zuwiderlaufenden Kampfsporthandlungen. Die sozialethische Desorientierung rührt hier aus der gezielten Einübung brutaler kämpferischer Attacken, die das Erreichen eines größtmöglichen Verletzungsgrades des menschlichen Gegenübers zum Ziel haben ... Ein erfolgreiches Durchspielen des Programms ist zwingend an das pausenlose Zufügen schwerster Körperverletzungen gebunden. Dies wird gleichzeitig auf mannigfache Art und Weise positiv gratifiziert ... Die Jugendgefährdung ist ... in der Tatsache des vom Programmablauf ausschließlich geforderten reflexartig instinktiven Zufügens schwerster Körperverletzungen zu sehen. Das Training von Verhaltensweisen, die die körperliche Integrität des Gegenübers – des eigenen Profits wegen – negieren, birgt die Gefahr eines Herabsinkens des Respektes vor Leben und der körperlichen Unversehrtheit und damit die Herabsetzung der Hemmschwellen, die jeder Tötungs- und Verletzungshandlung entgegenstehen, in sich."

Mit dieser Begründung passiert Jugendschützern eben das, was sie auf seiten der Jugend, die viel Gewalt sieht, für verhängnisvoll halten: Die Verwechslung der Ebenen der Realität und der Phantasie. Knopfdruck wird für Jugendschützer unversehens zum Fußtritt. Bildersehen – die Graphik auf dem Bildschirm – und das symbolisierte Handeln der Spieler (die tatsächlich nur Knopfdruckaktivitäten ausüben) werden in eins zusammengedacht.

Es wäre aber für glaubwürdiges schützendes Tun wichtig, daß Erwachsene sprachlich und denkend selber Phantasie und Realität sorgsam trennen. Das ist freilich schwierig, weil in diesem Grenzbereich heftige Emotionen der Empörung, Abscheu und Angst geweckt werden, unabhängig davon, daß es „echt" oder „nur Phantasie" ist. Dennoch dürfen die Unterschiede zwischen Phantasie und Realität, vor allem aber wenn damit Vermutungen bzw. aggressive Unterstellungen verbunden sind, nicht verwischt werden. Sonst machen Erwachsene Kinder zu Tätern, wo diese nur spielen und böse Taten „nur" – das mag erschreckend genug sein – simulieren.

Daß Kinder destruktive Geschichten gerne und oft spielen – finden Erwachsene verständlicherweise alarmierend. Der Grund ist wohl, daß sie in der Simulation der Gewalt sehr wohl rebellische Tendenzen bei Kindern erkennen, die auch gegen die tabus der Gesellschaft gerichtet sein können. Dennoch gilt: dies sind Ängste Erwachsener, die aggressiven Handschläge und Tritte sind von Erwachsenen ausgeklügelte Bilder, die nur symbolisieren, was passieren könnte. Es sind „nur" graphische Akte en miniature und nur per Knopfdruck zu bewegen, während die Spieler in der Realität, abgesehen von minimalen motorischen Knopfdruck- und Augenbewegungen, bewegungslos sind.

Kein Zweifel, die Phantasie der Spieler richtet sich auf aggressive mörderische Handlungen. Wenn also besorgte Erwachsene den Verdacht haben, daß Kinder nach dem Spiel „in echt“ so wie die Figuren im Bild aggressiv treten und schlagen, während der unmittelbare Augenschein doch zeigt, daß Kinder körperlich wie Gelähmte vor dem Bildschirm sitzen und ihre Aktivität auf elektronische Impulse reduziert haben, ist auch zu fragen, inwiefern Erwachsene damit ihre eigenen aggressiven Zuschreibungen auf Kinder projizieren.

Wie stellen nun die Gegner des Jugendschutzes ihre Argumente im Indizierungsstreit dar? Die Interessen der Firma, die „Mortal Combat“ vertreibt, vertrat ein Rechtsanwalt. Er erklärt kurzerhand die Phantasiewelt generell als harmlos und hält alle Jugendschutzmaßnahmen für überflüssig. Einsprüche gegen das Indizierungsverfahren werden von ihm theoretisch wissenschaftlich mit Thesen des Sozialpädagogen Jürgen Fritz untermauert, der eine moralische Desorientierung Heranwachsender durch Computerspiele grundsätzlich verneint und im Gegenteil annimmt, sie hätten eine kathartische Wirkung. Kinder könnten, so plädiert der Anwalt, Realität und Wirklichkeit immer zuverlässig unterscheiden, daher könnten sie durch Computerspiele überhaupt nicht sozialethisch desorientiert werden.

Der Anwalt argumentiert, im Spiel handele es sich um eine reine Phantasiewelt, um Fabelwesen, die als Phantasiewesen keine Ängste induzieren könnten; es seien weder unfaire Mittel wie finale Todesschläge aus den Bewegungsabläufen noch Körperverletzungen oder Qualen in Bild und Ton erkennbar. Keiner der zahlreichen dem Anwalt bekannten jugendlichen Nutzer könne das Spiel als brutal bezeichnen; zudem spreche die Tatsache der weltweiten Verbreitung sowie ein Vergleich mit der medial vermittelten realen Gewalt für die Harmlosigkeit des Spiels.

Der Anwalt argumentiert auf der Grenzlinie zwischen Realität und Phantasie, als ginge es nur um subjektive Phantasien.

Die Frage der kommerziell und suggestiv aufgearbeiteten mörderischen Phantasien Erwachsener, die sie mit Raffinesse inszenieren und nachvollziehen lassen, wird völlig übergangen.

Wie wenig die juristische Definition des Tatbestandsmerkmals „Gewalttätigkeit" dazu taugt, Gewalt im Bild „dingfest" zu machen, faßte Oberstaatsanwalt Broschat 1996 zusammen. Die juristische Definition, Richtschnur für Staatsanwälte, lautet derzeit: „Gewalttätigkeit ist die Entfaltung physischer Kraft (Drohung genügt nicht) gegen den Körper eines anderen Menschen oder menschlichen Wesens (Zombies) in einem aggressiven Handeln, das eine Beeinträchtigung oder Gefährdung der körperlichen Integrität bewirkt und von einer gewissen Erheblichkeit ist." An typischen Darstellungsarten sexueller Gewalt demonstriert Broschat, auf welche Gratwanderung die Filmproduktion Schützer und Staatsanwälte zwingt, seitdem sie mit ihren Darstellungen von Gewalt knapp unterhalb der Schwelle bleibt, bei der die Staatsanwaltschaft eingreifen könnte. Wenn Schläge wie Streicheleinheiten erscheinen, wenn keine Brutalität und keine Schmerzensschreie zu hören sind, keine Hautverletzungen gezeigt werden – dann hat der Staatsanwalt keinen Grund einzugreifen. Weder Tierschlachtungen noch Selbstverstümmelungen lassen sich so als Gewalttätigkeit erfassen.

Bemerkenswert in den Begründungen der Marktseite gegen Jugendschutz durch Indizierung ist auch ein Argument, das auf den ersten Blick lediglich ungeschickt wirken mag. Der Vertreter der freien Wirtschaftsinteressen Erwachsener arbeitet nämlich in einem wesentlichen Punkt seinen Gegnern, den Vertretern staatlicher Zensur, förmlich zu. Er begründet die Harmlosigkeit des Videospiels mit dem Argument, jugendliche Benutzer könnten Gewaltspiele überhaupt nicht als brutal identifizieren. Sie fänden es harmlos. Der Anwalt berührt damit die Frage der Abstumpfung durch Gewaltsehen, und dies ist ausgerechnet das Argument – Desensibilisierung gegenüber Gewalt –, das allenthalben als Ursache für ansteigende Jugendgewalt beklagt wird. Warum?

Was auf den ersten Blick lediglich als argumentative Ungeschicklichkeit erscheint – oder nur routiniert – muß raffiniert wirken, wenn es als Indiz dafür gewertet wird, daß die wirtschaftlichen Interessen der Firma nicht im Gewinn des Indizierungsstreites, sondern in der Reklamewirkung liegen, die ein Indizierungsstreit für sie hat. Ist den Vermarktern von Gewaltspielen im Grunde gleichgültig, wie gegenüber Jugendschützern argumentiert wird, weil ihr Geschäft meist schon gelaufen ist, wenn die Schützer auf den Plan treten?

Die Kontroverse Erwachsener um Jugendschutz oder Medienfreiheit, um Phantasie oder Realität trägt Züge einer unbewußten Zusammenarbeit der streitenden Parteien. In der Kontroverse gibt es eine Art heimlichen Paktes zwischen scheinbar diametral entgegengesetzten Interessen der Jugendschützer einerseits und des Medienmarktes andererseits. Überlegungen dieser Art mögen freilich übliche Vorstellungen von der Unvereinbarkeit der beiden Parteien durchkreuzen; und sie würden vermutlich auch von beiden Parteien heftig bestritten, solange diese an ihrem wechselseitigen Freund-Feind-Muster, das sie zu ihrer eigenen Profilierung benötigen, festhalten.

Von welcher Art aber sind gemeinsame Interessen der Kontrahenten im Streit um Fragen des Jugendschutzes? Gewaltfilme nützen, so paradox es klingen mag, beiden. Die Marktseite profitiert von der Nachfrage und versteckt ihre Verantwortung hinter dem Publikumsgeschmack. Jugendschützer finden in Gewaltfilmen ideale Sündenbockobjekte: Gewaltfilme und -spiele lassen sich auf populäre Weise für Gewaltentwicklungen der Jugend verantwortlich machen, und sie befreien damit die Allgemeinheit von unangenehmeren Fragen nach sozialen, pädagogischen und politischen Mißständen. Für Vertreter dieser Seite eignet sich Gewalt, die öffentlich im Bild dingfest gemacht werden kann, dazu, eine vermeintliche Patentlösung, nämlich Zensur in den Vordergrund zu schieben. So läßt sich in der Gesellschaft über das Bild der Gewalt anstatt über gesellschaftliche Gewaltkonflikte selbst streiten. So kann die Diskussion um Gewalt auf die Bildschirme und die Leinwände konzentriert werden und muß nicht über Phänomene in der Realität ausgetragen werden.

Der heimliche Pakt, der sie verbindet besteht darin, daß beiden Parteien, Schützern wie Anbietern, Gewaltfilme Nutzen bringen. Die Anbieter wollen Geld damit machen, sie stimulieren die Nachfrage, während die Jugendschützer, dem gesellschaftlichen Wunsch entsprechend, sich nur auf Gewalt im Bild und nichts anderes konzentrieren, so daß die Öffentlichkeit beruhigt werden kann. Die Frage nach der desorientierenden Wirkung all der anderen Filme und Bilder stellt sich dann nicht mehr. Es funktioniert eine Art Arbeitsteilung zwischen Medienmarkt und Jugendschützern. Fernsehgewaltige wie Helmut Thoma, Geschäftsführer von RTL Plus, geben daher den Schwarzen Peter der Verantwortung für Gewalt im Fernsehen gelassen an die Gesellschaft zurück. Thoma schreibt „Ein Sender, der tagtäglich auf ein Millionenpublikum angewiesen ist, wird sich immer am gesellschaftlichen Grundkonsens und den damit verbundenen Werten orientieren. Mit Sex und Gewalt läßt sich auf Dauer nicht das große Geld verdienen".

Doch in der Zwischenzeit läuft das Geschäft nach dem Mechanismus von Angebot und Nachfrage bestens. In Videotheken dürfen Kinder und Jugendliche zwar keinen Zugang und keinen „Zuguck" auf Reklame für indizierte Filme haben, und daher gibt es dort separate Abteilungen für Erwachsene, die natürlich weiterhin ungehinderten Zugang zu solchen Filmen haben, doch nachts und abends ab 22.00 Uhr können im Fernsehen auch indizierte Filme laufen. Kinder, Eltern und Lehrer fühlen sich im Stich gelassen von Staat und Politik. Die Wirkung des äußeren Jugendschutzes ist begrenzt, innerer Schutz muß dazu kommen.

Aus dem Jahre 1995 gibt es immerhin ein interessantes Beispiel dafür, wie die Angst eines Senders wie RTL, sein Millionenpublikum zu verärgern und dadurch zu verlieren, rasch zu Änderungen führte. Jugendschutz wurde vom Sender immerhin soweit ernstgenommen, daß die bei Kindern mit Begeisterung, bei Eltern hingegen mit Empörung aufgenommene Zeichentrickfilmserie „Power Rangers" nicht mehr tagtäglich morgens vor dem Frühstück, kurz, ehe die Kinder in die

Schule oder in den Kindergarten mußten, gesendet wurde. Die Lösung, die der Anbieter, der Millionen für den Ankauf der Serie investiert hatte, fand und die keine weitere Protestwelle auslöste, war nicht etwa der Verzicht auf die Ausstrahlung, sondern die Verlegung der Sendezeit aus der Morgenfrühe auf den Samstag sowie der Appell an die Verantwortung der Eltern.

Die Argumentation des Geschäftsführers der Freiwilligen Selbstkontrolle, von Gottberg, und des Jugendschutzbeauftragten des RTL-Senders (jeder Sender hat inzwischen einen eigenen Jugendschutzbeauftragten) ist interessant in ihrem Bemühen, beiden Seiten recht zu geben und keiner weh zu tun.

Zum einen zeigte sich von Gottberg einsichtig und gab der öffentlichen Kritik gegen die Gewalt im Zeichentrickfilm teilweise recht. Bei Kindern unter acht Jahren könnten durch die in der Serie gezeigten Hau- und Stechhandlungen „aggressive Gelüste" ausgelöst werden. Seine Begründung lautete, Kinder unter acht Jahren könnten Fiktion und Realität nicht sicher unterscheiden; ab acht Jahren aber sei das anders, daher sei die Serie dieser Altersgruppe angemessen. Von Gottberg verteidigte zum anderen die kommerziellen Interessen des Senders, indem er die Verantwortung für den Filmkonsum den Konsumenten, d.h. den Kindern und ihren Eltern zuschob. „Da aber die Vermehrung von Programmen nicht eingeschränkt werden kann, wird es immer wichtiger, auf die Verantwortung der Rezipienten selbst bzw. ihres erzieherischen Umfeldes zu setzen. Die Familie muß lernen, vernünftig mit dem Fernsehen umzugehen und reale soziale Erfahrungen nicht durch das Fernsehen zu ersetzen."

Der FSF-Prüfungsausschuß hatte ursprünglich in seinem positiven Urteil – ohne Altersbeschränkungen – hervorgehoben, daß entscheidende Schlußkämpfe schließlich nur gewonnen werden könnten, wenn alle fünf Freunde gemeinsam kämpften. Dies Argument der positiven Wirkung durch Szenen, in denen fünf Freunde aggressiv zusammenarbeiten müssen, um andere zu vernichten, macht noch einmal die ganze

Hilflosigkeit, ja den Zynismus der Begründungen im Pro oder Contra des Zensurkampfes grundsätzlich deutlich.

Durch eine Wertkategorie wie „Gemeinsamkeit" kann jede Art von Gewalt (Selbstjustiz) gerechtfertigt werden, auch die verbrecherischer Cliquen. Der mutwillige Umgang mit Begründungen dieser Art wirkt zynisch. Die Erkenntnis ist ja nicht neu, daß weit gefährlicher als die direkte Nachahmungen einzelner filmischer Gewaltakte durch Kinder die Beliebigkeit der Rechtfertigung von Gewalt ist. Der Geschäftsführer hat die Serie „Power Rangers" mit anderen Phantasiefilmen wie „Alice im Wunderland", mit Jules Vernes „Reise zum Mittelpunkt der Erde" und mit Enid Blytons „Fünf Freunde und das Geheimnis der verlorenen Insel" verglichen. Er war der Meinung, man könne daher schwerlich etwas gegen „Power Rangers" einwenden.

Das Kuratorium der FSF reagierte auf die öffentlichen Proteste mit der Ankündigung, nun nicht nur Stichproben, sondern sämtliche Folgen von „Power Rangers" zu prüfen.

Der Schwarze Peter der Verantwortung für Gewalt im Film und Jugendschutz wird, wie an diesem Beispiel erkennbar, hin- und hergeschoben zwischen Sender und Eltern. Eine Lösung der Problematik kommt so nicht zustande, zumindest solange nicht, wie die Gesellschaft auf die Frage der Gewalt fixiert ist und sich an der Illusion der Spaltbarkeit der Bilderwelt in gute und böse Bilder festklammert. So nötig einerseits Indizierungen bzw. auch Verbote von Filmen sind, mit denen eine Gesellschaft die Grenzen des ihr Erträglichen markiert, so wenig kann sie sich mit dem zwangsläufig lückenhaften Schutz des Individuums von außen zufriedengeben. Ohne Schutz von innen, Schutz durch visuelle Bildung von Kindern und Jugendlichen mit dem Ziel kritischer Bild-, Wort- und Tonwahrnehmungsfähigkeit dient die staatliche Zensur und Indizierungspolitik hauptsächlich der Beruhigung Erwachsener. Jugend-Medienschutz mit seiner begrenzten Wirksamkeit im nationalen Raum innerhalb des international operierenden Medienmarktes kann der Gesellschaft nicht ihre bildungspolitische Aufgabe abnehmen. Um den Blick für diese moderne

Aufgabe frei zu bekommen, müßte die Gesellschaft bereit sein, auf die Sündenbockfunktion „Gewalt im Fernsehen“ zu verzichten. Sie müßte fragen, warum und wozu brauchen Erwachsene den Streit um Bilder der Gewalt?

Im umgangsprachlichen Bereich finden sich einige Motive dafür, warum man das Fernsehen im allgemeinen und die Gewalt der Bilder im besonderen als Sündenbock benutzt. Formuliert man etwa die populäre Behauptung, Fernsehen mache Kinder aggressiv, etwas um zu der allgemeineren Frage, „wen macht Fernsehen eigentlich aggressiv?“, dann ergeben sich mehr Antworten und neue Perspektiven auf die Quellen des Ärgers und der Unzufriedenheit in der Mediengesellschaft. Sie lassen erkennen, wie der Kampf zwischen Bild und Wort die menschlichen Beziehungen nachhaltig beeinflußt. Die Antworten könnten dann etwa so lauten: Fernsehen macht aggressiv, und zwar Frauen, die müde Männer ungern vor der Glotze sehen; Männer, wenn Frauen ihnen ankreiden, was sie gerne sehen; Eltern, die gerne hätten, daß ihre Kinder lernen und schön spielen; Kinder, wenn sie nicht soviel fernsehen dürfen, wie sie wollen; Kinder, wenn ihre Basteleien nicht so einfach gelingen und nicht so schön wirken wie die im Fernsehen; Kinder, denen zur Strafe Fernsehverbot auferlegt wird; Familien, wenn der Kampf um die Schalthoheit entbrennt; Lehrer und Lehrerinnen, die vergeblich um die Aufmerksamkeit ihrer Schüler kämpfen; Menschen, die nur Schönes sehen wollen; Politiker und Politikerinnen, die sehen, wie unrealistisch ihr Alltag dargestellt wird; Polizisten und Polizistinnen, die sich zugleich idealisiert und verteufelt sehen; Soldaten, die sich lächerlich gemacht fühlen; Teilnehmer von Sendungen, wenn sie „rausgeschnitten“ werden; Psychotherapeuten und Psychotherapeutinnen, die sehen, wie raffiniert psychoanalytisches Fachwissen kommerziell mißbraucht wird oder wie sie selbst in Filmen als die eigentlichen Bösewichter interpretiert werden; Eltern, die von ihren durch Werbung stimulierten Kindern zum Kauf bestimmter Produkte erpreßt werden; Eltern, die es als Zumutung empfinden, daß sie privat ausbügeln sollen, was Politiker ihnen öffentlich durch die Privatisierung der Sendefrequenzen eingerührt haben; Ausländer, die sich vorgeführt fühlen – usw. usw.

Von diesen beliebig ergänzbaren Formen der Aggressivität aber wird im öffentlichen Diskurs nicht gesprochen, obwohl sie tagtäglich vielfältig entstehen und familiäres Leben im Fernsehzeitalter mindestens so sehr beeinflussen wie der Bildkonsum der Kinder. Insofern hat der Diskurs über Aggression und Gewalt im Fernsehen eine Ventilfunktion für Erwachsene. Gewalt im Bild wird so zum kleinsten gemeinsamen Vielfachen, über das man sich leichter und legitimerweise entrüsten kann als über unbefriedigende Beziehungen im unmittelbaren sozialen Umfeld.

8. Das naive Sehen

Menschen, die es für selbstverständlich halten, daß man mit zwei gesunden Augen alles deutlich sehen kann, was vor Augen kommt und daß man bei einiger Seherfahrung hinlänglich Fähigkeiten besitzt, Bilder kritisch zu sehen, werden das Problem der Naivität des Sehens und des visuellen Analphabetismus nicht für ein allgemeines halten. Und es mag ihnen schwer fallen, es bei Kindern wahr- und ernstzunehmen.

Kinder kann man als visuelle Analphabeten bezeichnen, nicht nur, weil sie naiv sehen, sondern weil sie die Sprache angesichts der Bilder verlieren. Am auffälligsten bei Erzählungen von Kindern über Filme, die sie beeindruckt haben, ist, daß ihre Sprache an das Gesehene überhaupt nicht heranreicht. Die meisten Kinder und Jugendliche haben wenig Übung darin, visuelle Eindrücke in Worte zu fassen und sie so der Reflexion überhaupt zugänglich zu machen. Sie können überhaupt nicht verbal verständlich machen, was sie beim Fernsehen, bei hoch komplexen und schnell aufeinander folgenden visuellen und akustischen Eindrücken erlebt haben, so daß sie nur stammelnd und stotternd Worte, verknüpft mit vielen „und dann, und dann“, finden.

Wie gravierend das Problem der Naivität des Sehens und der Sprachlosigkeit von Kindern gegenüber Bildern ist, soll zunächst ein typisches Beispiel aus der Praxis zeigen.

Anna, ein achtjähriges Mädchen, war ungewöhnlich still, als ihre Mutter ins Zimmer kam. Gefragt, was los sei, zuckte sie nur mit den Schultern, wußte keinen Grund zu nennen. Doch auf einmal begann sie zu schluchzen und weinte immer mehr. Sie schien untröstlich und ganz unerreichbar in ihrem Unglück. „Der Löwe, sie hat ihn getötet ...“ stieß sie endlich hervor, und es dauerte geraume Zeit, bis ihre Mutter begriff, daß das Unglück Annas etwas mit dem zu tun haben mußte, was

Anna im Fernsehen erlebt hatte. Anna hatte, wie schließlich deutlich wurde, am Nachmittag „ihre“ Kindersendung gesehen, eine Art Märchensendung in einem österreichischen Sender. Die Mutter vermochte Anna lange Zeit nicht zu beruhigen, sie versuchte, sich mit Fragen ein Bild von den Bildern zu machen, die ihr Kind verletzt und beunruhigt hatten.

Anna konnte jedoch viele der Fragen nicht beantworten, sie irritierten sie vielmehr und das machte sie noch unglücklicher. Denn die Mutter versuchte in ihrer Not, logisch vorzugehen, um den Handlungszusammenhang zu erfassen; sie wollte wissen, wer was wann, wie und wo gemacht hatte. Sie meinte, wenn sie so herausfinden könnte, was „in echt“ passiert war, ob etwa eine richtige Frau ein echtes Tier getötet hatte oder ob es sich „nur“ um Puppen oder Stofftiere gehandelt habe, dann könnte sie ihr Kind leichter mit dem Hinweis beruhigen, daß „in echt“ nichts Böses passiert sei.

Doch Anna war auf diesem Wege keinem Trost zugänglich. Ihre Mutter hatte inzwischen begriffen, daß Annas Unglück vor allem damit zu tun hatte, daß am Ende der Sendung etwas entscheidendes geschehen war und daß Anna nicht erfahren hatte, ob der geliebte Löwe wirklich tot war. Neben den Vorwürfen, die die Mutter inzwischen sich selbst dafür machte, daß sie nicht im Bilde war, daß sie ihr Kind allein vor dem Fernseher gelassen hatte, spürte die Mutter inzwischen wachsenden Zorn in sich aufsteigen, Zorn über die Raffinesse des Fernsehsenders, der den Schnitt nicht zufällig ausgerechnet da gemacht hatte, wo die Geschichte die größte Spannung verursacht hatte, wo Kinderseelen am meisten bangen mußten. Das Kalkül ging auf, daß die Kinder es kaum erwarten konnten, bis die Fortsetzung am nächsten Tag oder in der nächsten Woche erst gezeigt wurde.

Die Mutter, die bisher mit allen Fragen und einfühlendem Verständnis ihr Kind nicht hatte trösten können, machte nun, als sie begann, ihre wütenden Gedanken auszusprechen, eine verblüffende Erfahrung. „Die Leute, die den Film gemacht haben, die wollten, daß du weinst, die wußten ganz genau, daß Kinder an dieser Stelle Angst kriegen. Extra deshalb haben sie diese Geschichte so erfunden und so erzählt und so enden lassen. Die wollten deine Tränen absichtlich, und das ärgert mich."

Anna hörte auf einmal auf, fassungslos zu weinen. Offenbar war es ihr trotz ihrer jungen Jahre möglich, sich aus dem Sog der Geschichte etwas zu distanzieren, indem sie mit dem Gedanken an menschliches Kalkül hinter den Bildern eine neue Perspektive gewann, aus der sie das Erlebte neu betrachten konnte. Daß es Menschen gibt, die wollen, daß sie weint und die ein Geschäft mit ihren Tränen machen möchten, damit sie morgen wieder den Fernseher einschaltet, dieser Gedanke löste Anna aus ihrer depressiven Hilflosigkeit: „Das find' ich gemein" erklärte sie und hätte das gerne den Filmleuten gesagt.

Die Frage, warum Anna ausgerechnet an dieser Stelle, wo eine böse Frau agierte, so tief betrübt werden konnte, ist damit noch nicht beantwortet. Die Gründe für die kindliche Verletzbarkeit und Traurigkeit sind nur zu verstehen, wenn man die altersabhängigen psychischen Konflikte berücksichtigt, die Kinder üblicherweise mit sich und mit ihren Bezugspersonen haben. Doch ehe solche zentralen Konflikte eingehend diskutiert werden, soll zunächst Annas Geschichte einen Nachtrag erhalten.

Monate nach dem Trauerfall rief Anna eines Tages aufgeregt ihre Mutter herbei, weil sie die Wiederholung der Löwengeschichte im Fernsehen bemerkt hatte. Nun konnte ihre Mutter selbst sehen, was Anna so betrübt hatte. Es floß in der Sendung tatsächlich kein Blut, es fand auch kein Mord statt. Insofern war der Film völlig gewaltfrei und „kindgerecht" gestaltet. Und doch hatte Anna sich nichts eingebildet, sondern war zu recht so fassungslos geworden. Man hatte sie nämlich auf ganz infame Weise zur Mittäterin gemacht.

In der entscheidenden Schlußszene war links im Bild groß „die Böse", eine Schauspielerin, die als Hexe fungierte, zu sehen und rechts unten, das wußten die Zuschauer aus dem vorhergegangenen Bild, saß der Löwe, den die Hexe umbringen wollte. Der Löwe – eine Kunstfigur – war so raffiniert gestaltet, daß man tatsächlich leicht denken konnte, er sei lebendig.

Als nun die Frau mit bösem Blick ihren Arm hob und ein armlanges blankes Messer hervorzog und so zustieß, daß es schräg nach rechts unten zeigte (wo man den Löwen wußte), konnten die jungen Zuschauer kaum anders, als die Bewegung mitzumachen, sie gleichsam zu verlängern, d.h. sie zu Ende zu führen und dadurch selbst zu Tätern zu werden. Auf diese Weise wurde Anna zur Mitschuldigen. Denn angesichts der unerwarteten schnellen und suggestiven Bewegung war sie überhaupt nicht in der Lage, sich davon zu distanzieren. Sie mußte die von der Hexe intendierte Bewegung des Messers mitmachen und fortführen und so selbst vollenden, was die Bewegung intendiert hatte, was aber im Bild weggelassen wurde – den Löwen erstechen.

Unbewußt Schuld durch identifikatorisches Mitsehen auf sich zu laden, Schuld ausgerechnet gegen den, den man liebt, und untröstlich darüber zu sein, diese uralte Tragödie des Ödipus, unbewußt schuldig zu werden, bleibt, wie die Psychoanalyse nachwies, normalerweise keinem Kind erspart. Um so mißlicher aber ist es, wenn Filme diese Problematik hemmungslos ausbeuten, um kindliche Aufmerksamkeit zu erringen.

Wie andere Kinder auch ist Anna nicht allein dadurch zu schützen, daß man sie vor der einen Sorte „böser" Bilder, nach denen die Jugendschützer fahnden, bewahrt. Erst, wenn sich die Gesellschaft von der Illusion verabschiedet, man könnte vor allem technisch, staatlich oder familiär die erwünschte säuberliche Spaltung der Bilder in gute (gewaltfreie) und böse (gewalthaltige) durchführen, gewinnt sie die nötigen Energien zurück, um sinnvollere Lösungen zu entwickeln. Diese beginnen mit Fragen, was alle Bilder gemeinsam haben, welche Dynamik durch Bilder in Gang gesetzt wird, in welche Situation Kinder gegenüber Bildern geraten.

9. Der visuelle Analphabetismus

Kinder sind visuelle Analphabeten. Vier folgenreiche Phänomene sind es, die man bei Filme sehenden Kindern beobachten kann und die es rechtfertigen, Kinder als visuelle Analphabeten zu bezeichnen: Die Naivität des Sehens, die Unfähigkeit, visuelle Eindrücke zu verbalisieren, der Verlust der eigenen Worte gegenüber dem Bild und die Unfähigkeit, „hinter“ die Bildebene zu sehen, um den Zusammenhang von fremder Absicht und eigener Wirkung zu erkennen.

In welche Situation der Erwartung, Ohnmacht, Isolation und zwanghaften Abhängigkeit Kinder durch die Naivität ihres Sehens und durch den Verlust ihrer Sprache gegenüber bewegten Bildern geraten, soll zunächst das weitere Beispiel eines sechsjährigen Jungen zeigen. Er wollte eigentlich etwas anderes als stillsitzend fernsehen, als ihn – ein typischer Vorgang bei Kindern – das Faszinosum Film von seinem ursprünglichen Vorhaben abbrachte.

Jari ist ein lebhafter Junge, der sich gerne austobt und viel Energie besitzt. Er war gerade voller Stolz dabei, seine neuen Rollerskates auf dem langen Flur eines Institutsgebäudes auszuprobieren, als er an einer offenen Türe vorbeisauste und einen Blick auf einen Fernseher erhaschte, der dort für Studenten bereitgestellt wurde. Jari bremste sofort, kam zurück und steckte neugierig seinen Kopf herein. Er fragte, ob er mit fernsehen dürfte. Zuerst erhielt er eine Absage. Aber da es sich um die Erforschung eines kurzen Filmsegmentes aus dem öffentlich-rechtlichen, 1997 eröffneten Kinderkanal handelte und Jaris Mutter keine Einwände hatte, ihn als jüngsten Studenten mitarbeiten zu lassen, wurde er nach einer halben Stunde Wartezeit, die er ungeduldig auf dem Flur zubrachte, eingeladen, mitzusehen. Jari erhielt Papier und Bleistift, damit er während der Vorbesprechung, die ihn nicht interessierte, selbst etwas tun konnte. Jari begann eifrig ein großes Schiff zu malen sowie ein Flugzeug, aber sofort, als der Fernseher eingeschaltet wurde, ließ er Stift und Papier liegen, um konzentriert zuzusehen, was andere tun. Das schien ihm viel interessanter.

Der Videomitschnitt begann „mittendrin“, wie Kinder häufig per Zufall in Bildergeschichten hineingeraten. Jari kannte offenbar, im Gegensatz zu den Studenten, die Serie, murmelte etwas von „Silberstein“ und wurde „ganz Auge“ und Ohr. Ihm entging nichts im Bild, er schien darin aufzugehen. Kern der Filmgeschichte – verpackt in eine der beliebten Rahmenhandlungen mit verkleideten aber „echten“ Frauen, von denen die eine etwas dümmlich und ungeschickt, die andere verständnisvoll klug hantierte sowie einer Handpuppe in Gestalt eines Raben, der sprechen konnte und allerhand „Komisches“ sagte – war eine aquarellierte Bilderbuchgeschichte. Die Handlung wurde von einer angenehmen Männerstimme erzählt, während die Kamera relativ ruhig einzelne Bilder vorführte. Und während alles kindgerecht und gut geordnet schien, so daß die Studenten zufrieden lächelten, passierte doch etwas mit Jari, das den Zuschauern entging, weil sie selbst während des Filmes vergaßen, auf das Kind zu achten. So sehr waren auch die jungen Erwachsenen vom Filmgeschehen absorbiert und – fixiert auf Gewalt im Bild – daß sie die Gewalt der Bilder nicht bemerkten, die Jari doch verletzte.

Jari hatte sich – kein Wunder bei seiner Bewegungsfreude, seinem Stolz auf seine wachsende Körperbeherrschung und sportliche Kraft – sofort mit dem Helden der Geschichte identifiziert, der in Wort und Bild herausgestellt wurde: mit einem kühnen Kater, der prahlend angekündigt hatte, mit einem einzigen großen Satz über einen Teich zu springen. Dafür waren Zuschauer bestellt worden, die gespannt wie Jari vor dem Fernseher, den großen Sprung beobachteten.

Was Jari nicht ahnen konnte und was ihn doch ganz persönlich traf, so daß er vor Verlegenheit ganz rot im Gesicht wurde ob der Beschämung, war aber, daß der Erfinder der Geschichte offenbar einer heimlichen Rachelust frönte und für Kinder eine moralgetränkte Falle in seine Geschichte gebaut hatte, in die er

Jari und den Kater nun abstürzen ließ. Der Kater hatte den Mund zu voll genommen, hatte versprochen, was er nicht halten konnte, hatte bloß angegeben, er stürzte ins Wasser. Jetzt wurde er von den Zuschauern dafür ausgelacht, verfolgt, mit Mist beworfen. So mit Schimpf und Schande beladen mußte er, entlarvt als Angeber und Betrüger, flüchten. Jari fühlte sich selbst beschämt. Verlegen blickte er sich an dieser Stelle kurz um, aber niemand der Erwachsenen im Raum hatte Augen für ihn.

Als die Geschichte dann bald zu Ende war, wollte Jari nicht in die Realität zurückkehren. Er wollte weiter fernsehen, es war, als sei ihm das Fernsehen noch etwas schuldig geblieben, als warte Jari „auf eine Erlösung", auf einen besseren Ausgang der Geschichte, auf einen Trost. Jari, nach dem Film über die Geschichte befragt, war nicht in der Lage, die Stelle zu benennen, die ihn beleidigt hatte. Aber es war ihm immer noch anzumerken, daß sie ihn mehr als das ganze scheinbar schöne und lustige Drumherum der Rahmengeschichte, getroffen hatte.

Jari hatte keine Chance, sich gegen die mächtige suggestive Kraft des Filmes zu wehren. Dabei spielt es keine Rolle, daß es sich um ein gutes Kinderbuch als Filmgrundlage handelte und daß der Film „gewaltfrei" war. Die Gewalt der Bilder war fein verborgen. Jari hatte keine Chance sich zu wehren.

Hätte Jari das Bilderbuch selbst in den Händen gehalten und hätte ihm jemand, den Jari hätte unterbrechen können, die Geschichte dazu vorgelesen, dann hätte Jari protestieren und kommentieren oder das Buch beiseite legen können. Er hätte vielleicht sagen können, was ihn daran stört, was er blöde und gemein findet. So aber, als Konsument der unauflöslichen Trias aus bewegtem Bild, Wort und Musik ist Jari zum Schweigen, Zuhören und zum Warten, bis der Film zu Ende ist, verurteilt. Doch bis zum Filmende, und weil er in der Zwischenzeit mit vielen neuen Bild-Wort-Musik-Einheiten eingedeckt wurde, hat Jari vergessen, was ihn bewegte.

Minimierend für Jaris Chance, selbst etwas zu sagen, kommt hinzu, daß es im Fernsehen ein richtiges Ende gar nicht gibt. Denn nahtlos gehen beim Fernsehen Filme ineinander über.

Und die Trailer, die Reklame für den nächsten Film, sind so geschickt in einer Art Reißverschlußsystem plaziert, daß das Ende eines Filmes für Kinder oft nicht klar erkennbar ist. Jari etwa hatte, nachdem die Bilderbuchgeschichte vom Erbsenteich zu Ende war und kurze Zeit Musik erklang, sich wieder seinem Blatt Papier zugewendet und wollte gerade an seinem Flugzeug weitermalen, da wurde er erneut genötigt, von seiner eigenen Sache weg und auf den Fernseher zu blicken, denn dort lief nun noch die Rahmengeschichte weiter. Wieder traten die beiden „echten" Frauen und der Puppenrabe vom Anfang auf. Jari war in Gedanken noch ganz woanders, schaute aber zu, seine Augen waren müde, und doch konnte er sie nicht abwenden. Denn gleich nach dem kurzen Abspann, so als gehörte es noch dazu, erschien ein fröhlicher junger Mann, der suggestiv auf die Zuschauer blickte und direkt zu ihnen sprach – wie hätte Jari da abschalten können?

Als Jari nach der Sendung gefragt wurde, was er der Mutter erzählen würde, was er gesehen hätte, murmelte er „den Raben Silberstein" – und benannte daher die Figur, die er von der Rahmenhandlung her und aus anderen Serien schon kannte. Er sagte nichts von seinem wichtigsten Erlebnis. Wie hätte er auch in Worte fassen sollen, was ihn am meisten getroffen hat, so viele Bilder schwirrten noch zusammenhanglos in seinem Kopf, so viele aufgeregte Wichtigkeiten, daß er kaum herausfiltern konnte, was ihm wichtig gewesen war.

Es gibt allerdings noch einen tieferen Grund, warum Jari seine Sprache nach dem Film, der ihn kränkte, verlor. Denn Jari ist auch beleidigt, d.h. er zieht sich – vor den Worten Erwachsener, die ihn kränkten – zurück und hofft, wenn er sie selbst schweigend übergeht, so würde die Kränkung schnell beseitigt, vergessen, so als wäre sie nie geschehen. Deshalb ist es Jari ganz recht, wenn schnell viele neue Bilder und Geschichten das rasch zudecken, was auch er am liebsten zudekken und ungeschehen machen möchte, weil es seinen Spaß am Bildersehen verdorben und ihn gekränkt hat.

Jari ist wie viele andere Kinder seines Alters auch, durchaus skeptisch, was die Bereitschaft und Fähigkeit Erwachsener angeht, wirklich wissen zu wollen, was Kinder bewegt, kränkt und tröstet. „War doch nur ein Film". „In echt gibt es doch so was nicht". Solche gutgemeinten Versuche Erwachsener, Kinder zu trösten, könnte Jari schon gar nicht akzeptieren. Er ist ja nicht dumm, er hat deutlich gespürt, daß ihn die Kritik seiner Geltungswünsche „echt" getroffen hat.

Jari spürt wie alle Kinder genau, was er so für sich nicht ausdrücken könnte – daß jemand, ein Erwachsener, Kinder wie ihn – die klein sind und doch schon gerne groß und stark wären, die gerne Bewunderung ernten und Beifall erlangen würden – klein machen wollte. Und dabei spielt es keine Rolle, ob die Geschichte „echt" oder „unecht", ob sie so oder so gestaltet war, Jari weiß, daß Kindern manches eingeredet wird. Er ist daher auch schon mißtrauisch gegenüber Worten und möchte sich gerne sein eigenes Bild machen.

Erwachsene werden einwenden, daß diese Kränkung von Kindern durch Bildgeschichten doch nichts Filmspezifisches ist, sondern immer vorkommt, wenn Kinder sich mit den Helden in Geschichten aller Art identifizieren. Es stimmt, viele Geschichten für Kinder enthalten in der Absicht, moralisch belehrend zu wirken, indirekte Kritik und Kränkungen für Kinder, um sie zu Bescheidenheit und zum Verzicht auf Omnipotenz-Phantasien zu bewegen. Doch Autoren und Filmemacher, die es gut meinen mit Kindern, sollten bei Märchen lernen, sollten Bruno Bettelheims Buch „Kinder brauchen Märchen" studieren, der ihnen erklärt, warum und in welcher Weise Kinder Märchen bzw. phantasievolle und ermutigend anregende Unterstützung benötigen, um mit ihren entwicklungsspezifischen Schwierigkeiten, mit ihren inneren und äußeren Konflikten fertig zu werden. Was Kinder dabei am allerwenigsten ertragen, ist Beschämung, und was sie am meisten brauchen, ist jene Ermutigung und Zuversicht, die Märchen nicht versäumen zu geben: Daß Kinder es eines Tages schaffen werden, ihr „Königreich" zu besitzen, daß sie allen Fährnissen und Bosheiten der Welt zum Trotz durch Beharrlichkeit und Mut am Ende eben nicht untergehen, sondern daß Kinder den Sieg für ihre Selbständigkeit erringen.

Hätten Kinder mehr Unterstützung dabei (und würden sie nicht absichtsvoll in ihrer Naivität fixiert), sich von der Zwangsläufigkeit der Filmgeschichten zu distanzieren, dann würde ihre Phantasie stark genug sein, den kränkenden Phantasien irgendwelcher Filme Paroli zu bieten. Ich habe Jari damit zu trösten versucht, daß ich ihm ein anderes Ende der Geschichte vorgeschlagen haben. Eines, in dem der Kater erfolgreich war und alle Tiere ein Fest zusammen feiern konnten.

10. Der Verlust der Sprache vor dem Bild

Überall, wo Bilder zu viel Aufmerksamkeit gewinnen, besteht die Tendenz, daß Worte zurückgedrängt werden, daß Sprache an Bedeutung verliert und damit die Kommunikation zwischen Kindern und zwischen Kindern und Erwachsenen erschwert wird. Zugleich aber mit der Sprache entgleiten Kindern ausgerechnet die einzigen Hilfsmittel, die sie zum kritischen Bildersehen dringend benötigen, denn nur Sprache liefert die Instrumente kritischen Denkens. Ohne Sprache, ohne Begriffe und logische Verknüpfungen kann nicht kritisch gedacht werden, können visuelle Eindrücke nicht reflektiert werden, geraten Kinder tiefer in die Abhängigkeit von vorgefertigten Bildern. Mehr als um die Qualität der Bilder sollten Erwachsene deshalb um die Erhaltung der Worte neben den Bildern besorgt sein.

Man wird einwenden, daß Bilder doch viele gemeinsame Erlebnisse bieten, die starke Anreize zur Kommunikation zwischen jungen Menschen sind. Aber das heißt nicht, daß sie Sprache und kritisches Denken über Bilder fördern. Es besteht offenbar eine Wechselwirkung zwischen dem Zuwachs am Konsum von Filmbildern und an der Zunahme kindlicher Sprachunfähigkeit. Dies könnte zweierlei erklären. Erstens die von Pädagogen beklagte wachsende Sprachunwilligkeit vieler Kinder und Jugendlicher, und es könnte zweitens damit zu tun haben, daß Kinder Konflikten ausweichen oder aber, die Stärkeren und Ungeduldigeren unter ihnen, sie eher brachial, nicht aber verbal austragen. Wer selbst nicht reden, d.h. sich nicht gut ausdrücken kann, der mißtraut nicht nur den Worten, sondern wird auch selbst allzu schnell mißverstanden, so, daß der Zweifel am Wert verbaler Verständigung oder gar verbaler Konfliktaustragung zunimmt.

Kinder äußern sich bei der Wiedergabe spannender Fernseheindrücke vielfach nonverbal, versuchen mit seltsamen Geräuschen, also akustisch, nicht aber sprachlich auszudrücken, was sie beeindruckte, seien es Explosionen, unerträgliche Spannungen, rasante Fahrten, Sirenen, Gesten, Blicke, aggressive Bewegungen. Schilderungen von Kindern über Filme gleichen einem hilflosen Stakkato, verwirrend für den Zuhörer und schwerlich attraktiv für genaues Zuhören.

Erwachsene finden das im Alltag nur bedingt amüsant, da lachen sie nicht wie in der populären Quizsendung „Dingsda" über die kindliche Ungeschicklichkeit, aus der unfreiwillige Kinderkomik entsteht, die man „weil sie so niedlich ist" vorführen kann wie Kindersprüche zur Belustigung der Verwandtschaft. Für Kinder ist dergleichen eher beschämend. Sie begreifen ja nicht, warum die Großen lachen, wenn sie mit aller Kraft versuchen, schwierige sprachliche Aufgaben zu lösen. Die alltägliche Erfahrung von Kindern ist, daß Erwachsene abschalten, wenn Kinder sich unbeholfen ausdrücken, und das merken Kinder genau und fühlen sich abgeschoben und gedemütigt. So scheitert der Kommunikationsversuch von Kindern mit Erwachsenen oft mangels geeigneter Sprache, mangels kindlicher Verbalisierungsfähigkeit.

Die Verbalisierung visueller Eindrücke ist tatsächlich eine Kunst, die man erlernen kann. Sprache neben Bildern wirkt störend und karg, sie reicht ja nicht hin an die unmittelbare Direktheit der Bildeindrücke; Bilder in Sprache zu übersetzen erfordert Sortierungsarbeit, denn die Gleichzeitigkeit der Bildeindrücke in Filmen muß in eine zeitliche Abfolge gebracht werden. Verständlich ist aus diesem Grund das weit verbreitete Unbehagen am Reden über Filme, verständlich auch, daß viele Kinder es gleich gar nicht versuchen und daß auch Erwachsene vor einer derart schwierigen Aufgabe ausweichen, indem sie Gespräche über Bilder auf Statements abkürzen und im übrigen lieber einfach neue Bilder ansehen, um wortlos „im Bild" zu sein.

Wenn jedoch die Sprache vor dem Bild ins Abseits gerät, dann verlieren Erwachsene und Kinder ausgerechnet das einzige Vehikel, mit dem sie sich aufeinander zu bewegen könnten, wenn sie unterschiedliche Sichtweisen und Auffassungen über

Filme haben. Ein Gespräch zwischen den Generationen kann dann von vornherein nicht zustande kommen. Was statt dessen häufig folgt, ist, daß Erwachsene Erklärungen und fertige Urteile abgeben – die ein Kind, wenn es nicht danach gefragt hat, gar nicht hören will. Kein Wunder, daß beide Seiten, Kinder und Erwachsene, das Reden über Filme als unergiebig und unerquicklich empfinden und es in stiller Übereinkunft meiden. Beide verstummen vor Bildern. Während eines Filmes schweigen sie weitgehend, um mitzukriegen, was im Film gesprochen wird und nach dem Film schweigen sie, abgesehen von kurzen Kommentaren, einfach weiter.

Die naive Offenheit, mit der Kinder sich filmischen Bildern zuwenden, ist einerseits eine wunderbare Fähigkeit, die Kinder zu begabten Sehenden macht, aber die Naivität ihrer Wahrnehmung macht Kinder andererseits heute auch in solchem Maße durch kommerzielle Interessen ausbeutbar, daß man Kinder so früh wie möglich, d.h. lange vor Schulbeginn, darin unterstützen muß, Bildern gegenüber eigene Worte zu finden, um Bilder zu fragen, wer sie wie gemacht hat.

Erwachsene, die sich selbst lieber an die Vorstellung der kindlichen Naivität vor Bildern erhalten möchten und die grundsätzlich am Wert der Worte gegenüber der Übermacht der Bilderwelt zweifeln, werden an dieser Stelle einwenden, daß doch alle Mühe vergeblich, daß es viel zu anspruchsvoll und viel zu intellektuell sei, Kinder zu kritischen Bildbetrachtern auszubilden. Ich bin überzeugt davon, daß Kinder im Grunde nicht abhängig, sondern selbständig sein wollen und daß sie durchaus „dahinter" kommen wollen, wer sie und womit beeindruckt, wer welche Tricks anwendet, um Kinder zu „fesseln".

Erwachsene haben solange keinen Grund vor einer zweifellos neuen und schwierigen Lage zu resignieren, wie sie als Künstler, Psychologen, Pädagogen, Journalisten ect. nicht mehr Mittel und Wege suchen, wie sie Kinder sinnvoll unterstützen können, kritisch und bewußt sehen zu lernen und ihre Sprache gegenüber den Bilderwelten zu erhalten.

Damit ihre Arbeit gelingt, müßten sie sich allerdings zuerst ihrer eigenen inneren und äußeren Widerstände bewußt werden, die sie gegen Bildung und Aufklärung im visuellen Bereich haben: Der heimlichen Bündnisse zwischen Angebot und Nachfrage, die auf dem Bildermarkt wirksam sind; der Sehzwänge; der Teufelskreise aus Langeweile und Sehzwang; der passiven Abhängigkeit und der lähmend hohen Anspruchshaltung der Bildkonsumenten.

11. Eine schwierige Dreiecksbeziehung: Kind-Film-Regie

Der Gedanke daran, daß Bilder und Filme kein unabwendbares Naturereignis, sondern von Menschen gemachte Produkte sind, daß an ihrem Entstehen viele Menschen absichtsvoll und planvoll mitwirkten, diese Binsenweisheit, die jedes Kind kennt, ist so schnell gedacht wie angesichts eines spannenden Films immer wieder vergessen. Daher bedarf es immer wieder szenischer Hilfsmittel, durch die Kinder etwas von der Dramatik des Spannungsverhältnisses erkennen, in die sie als „Dritte", als Konsumenten von Bildprodukten unvermeidlich immer wieder geraten. (Kinder könnten selbst solche Modelle bauen, durch die ihre Situation gegenüber Bildern bzw. Filmen anschaulich klar wird. Sie sehen so leichter, daß mächtige Kräfte hinter den Bildern agieren, die ihnen eine Welt im Film vorspielen.

Die Drei Größen: Zuschauer, Film und Regisseur

Damit die Beziehungen der drei Grundgrößen, Zuschauer, Film und Regisseur zueinander erforscht werden können, sind sie in dieser Zeichnung zunächst so plaziert, daß der Film wie eine Wand in der Mitte zwischen Zuschauer und Produzent steht. Auf diese Weise verbindet der Film einerseits Zuschauer und Regisseure, aber er trennt sie auch voneinander, denn sie können sich nur über ihn als Mittler verständigen, d.h. sie haben keinen direkten Kontakt miteinander. Rechts im Bild sitzt der Zuschauer, etwas „traumverloren". Er richtet seine ganze Aufmerksamkeit auf das Bild und ist fasziniert vom Geschehen auf dem Video. Er ist bereit, sich zu identifizieren mit Filmpersonen, bereit, sich unterhalten, sich mitreißen zu lassen, er fühlt und denkt auf der Bildebene mit. Darüber vergißt er, daß er Arme und Beine hat. So wie er dahockt, kann er gar nicht sehen, daß hinter dem Bildschirm ein „Dritter", der Bildermacher steht. Und meist will der Zuschauer nur den Film sehen und dabei an nichts anderes denken.

Links vor dem „Bildschirm" sitzt der „Regisseur", Symbol für alle Erwachsenen, die Wissen und Können in den Film investiert haben. Auch er widmet seine konzentrierte Aufmerksamkeit dem Film, aber nicht ausschließlich. Sein Interesse gilt auch dem „Dritten", dem Zuschauer, und ist in einer Kopfhaltung angedeutet, als wollte er neugierig auch „um die Ecke", d.h. am Bildschirm vorbei, auf den Zuschauer und dessen Reaktion auf den Film blicken. Dem Regisseur ist der Dritte, der Zuschauer und seine Reaktionen auf den Film so wichtig wie der Film, er will ja damit erreichen, daß der Zuschauer sitzen bleibt und gespannt zusieht, sonst wäre sein Film ein Mißerfolg. Während der Zuschauer in der Regel nur am Film interessiert ist, ist der Regisseur sehr neugierig auf die Wirkung seines Filmes beim Zuschauer. Er möchte so viel wie möglich über Reaktionen, Emotionen, bewußte und unbewußte Bedürfnisse von Zuschauern in Erfahrung bringen, um sie zu beeindrucken und Ruhm und Geld an ihnen zu verdienen.

Die ungleiche Beziehung von Zuschauer und Regisseur läßt sich bildlich darstellen. Die zweite Grafik gibt eine Vorstellung von der globalen Dimension der Macht- und Ohnmachtsverhältnisse, in die Kinder durch Bilder und Filme geraten.

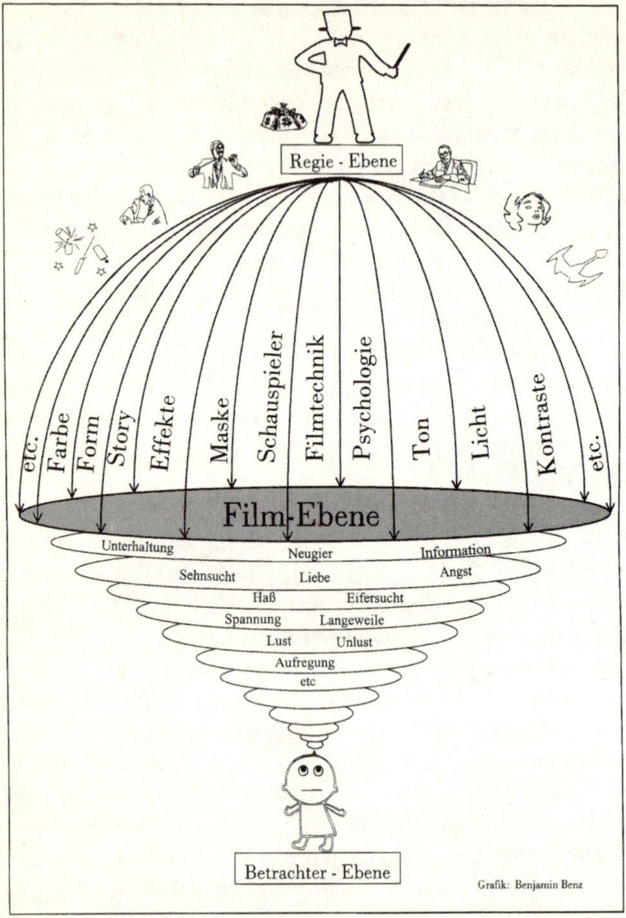

Wie auf einer Weltkugel steht der „Regisseur" hoch oben in einer dominierenden Position, die Macht von Bilderherstellern und Bildervertreibern verkörpernd. Einem Zauberer gleich, geht von ihm alle Macht, die Bilderwelt zu formen, aus. Am entgegengesetzten unteren Ende der Weltkugel steht der Betrachter, durch seine Augen und Ohren fließen alle die Intentionen der Regieseite in seinen Kopf.

Der Grund, warum der Betrachter dies freiwillig oder zwanghaft auf sich nimmt, liegt teils an der effektiven Gestaltung der Filme, teils in seinem eigenen Innern. Die gestrichelten Linien in Richtung „Äquator", wo das Produkt Film im Mittelpunkt, „weltumspannend" plaziert ist, sollen andeuten, daß es eine Fülle von individuellen und kollektiven Motiven, von bewußten und unbewußten Emotionen, Wünschen und Ängsten gibt, warum Menschen sich für Bilder und Filme, die von anderen Menschen erzählen, interessieren.

Wie in der ersten Graphik können sich auch hier Regie und Betrachter nicht direkt sehen. Der Betrachter verliert den Regisseur gänzlich aus dem Blick. Nicht so der Regisseur – sein permanentes Interesse an umfassenden Informationen über seine Zuschauer, ihre Sehgewohnheiten, Vorlieben und Abneigungen ist in der Skizze mit Linien angedeutet, die vom Regisseur ausgehend den Zuschauer von den „Füßen", von unten her erfassen, um so viel als möglich über ihn und seine bewußten und unbewußten Bedürfnisse in Erfahrung zu bringen. Der Zweck: die Neugier, die Lust zu sehen immer wieder anzufachen und den Betrachter an dem zu hindern, was die Macht der Bildermacher am meisten erschüttern könnte, am Abschalten.

Anhand solcher grafischen Modelle könnten Kinder beginnen, nach sich selbst zu fragen. Ob sie als Fernseh- und Filmekonsumenten heute bereits vielfach Gefangene der neuen Bildermacht-Verhältnisse sind? Ob und inwiefern sie abhängig und ohnmächtig sind, ob und wie sie sich befreien können? Kinder könnten fragen, was sie bindet, lähmt und in diese Position der Abhängigkeit von Bildern zwingt.

Jugendschutz jedenfalls muß dort ansetzen, wo das Problem beginnt, am naiven Sehen, an der schutzlosen Offenheit, mit der Kinder Bilder aufnehmen, dort, wo sie still werden, „ganz Auge", und wo sie auf Worte verzichten, auf ihre Sprache, auf ihr kritisches Denken – am Problem des visuellen Analphabetismus.

12. Sehzwang und Langeweile

Mit der Fixierung der kritischen Aufmerksamkeit auf die Problematik Aggression und Gewalt in Film und Bild hat die Macht der Bilder einen entscheidenden Sieg im Kampf der Bilder gegen Worte gewonnen. Während Jugendschützer um Paragraphen, Beweise und justiziable Begründungen ringen, um die Maschen ihrer Gewaltsiebe zu knüpfen, haben die Bilder durch die Künste der Bildermacher längst feste Bündnisse mit den Betrachtern gegen die Worte geschaffen. Bündnisse, die den Appellen an den Verstand und an die Vernunft der Zuschauer, auf die die Jugendschützer hoffen, gründlich trotzen.

Mit dem Versprechen, mühelos zu unterhalten, farbig, spannend, Tag und Nacht, ungehemmt von Raum, Zeit und Schwerkraft haben die Bildermacher nicht nur die Herzen der Kinder erobert, sondern sie haben darüber sich der kindlichen Lust am Sehen bemächtigt und aus der Lust gierige Zwänge zum Sehen entwickelt, Zwänge, denen zu entkommen Kindern kaum möglich ist, aus inneren und, wie die folgenden Abschnitte zeigen, äußeren Gründen.

Zu den besonderen Fähigkeiten der Bildermacher, Bündnisse mit Menschen zu schließen, bei denen der Verstand ausgeschlossen bleibt, gehört nicht nur, daß sie sich alle verfügbaren Künste und Wissenschaften, die Bilder attraktiv machen, zunutze machen, sondern auch, daß sie sich der Quellen bedienen, die zu Heilzwecken erschlossen wurden. Sie beuten psychoanalytisches Wissen um die unbewußten Kräfte der Menschen, um ihre unbewußten Konflikte, unbewußten Ambivalenzen, triebhaften Wünsche und Ängste, Sehnsüchte, Schwächen und die Phantasien der Kindheit aus.

Aus den bisherigen Überlegungen geht hervor, daß es wenig hilfreich ist, als Erwachsener die Unersättlichkeit der Kinder nach Bildern moralisierend zu kritisieren. Es handelt sich ja nicht lediglich um eine individuelle und mit pädagogischen oder moralischen Mitteln lösbare Unart. Vielmehr sollte die Unersättlichkeit nach Bildern als Ausdruck eines zeitspezifischen individuellen und kollektiven Problems unserer Gesellschaft verstanden werden.

Ein unbewußter Sehzwang treibt Kinder, obwohl sie eigentlich längst erschöpft sind von vielen visuellen Eindrücken, immer noch weiterzusehen, solange sich eben Bilder vor ihren Augen bewegen. Die zweite Auffälligkeit im äußeren Erscheinungsbild von Kindern und Jugendlichen vor dem Fernsehen, ihr Mangel an Motorik, bestätigt diese These eines Zwanges. Kinder, die normalerweise keine fünf Minuten stillsitzen können, bieten wie Gefangene einen höchst unkindlichen Anblick. Sie verharren stundenlang reglos, um zuzusehen, wie andere Menschen sich bewegen und ihnen mehr oder weniger spannendes Leben vorleben. Vor dem Fernsehen wirken Kinder nicht jung und nicht, wie es zur Jugend gehört, motorisch beweglich, sondern sie verhalten sich eher wie gebrechliche alte Menschen, die sich nicht mehr vom Fleck rühren können. Offensichtlich ist es so, daß Kinder aus eigener Kraft kaum aufhören können, fernzusehen, und insofern wirken sie wie abhängige Bildersüchtige, die ihr tagtägliches Quantum Bild brauchen.

Auch die dritte, Eltern nur zu gut bekannte, Reaktion von Kindern, wenn nämlich Erwachsene sie zwingen, den Fernseher abzuschalten, unterstützt die These von der Zwanghaftigkeit des Fernsehens oder Filmesehens. Kinder protestieren dann ärgerlich und wirken, wenn sie zum Spielen geschickt werden, einfallslos, lustlos und verdrossen. Sie sind merklich frustriert, scheinbar nur darüber, daß man sie gegen ihren Willen am Weitersehen hindert. Aus psychoanalytischer Sicht ist dies jedoch nicht die eigentliche Ursache ihrer Frustration. Der tiefere Grund ist vielmehr, daß Kinder plötzlich mit der Frage nach ihrer eigentlichen Lebendigkeit konfrontiert sind, denn mit dem Abschalten wird jählings ihre eigene Unlebendigkeit schmerzlich spürbar.

Man ginge nun allerdings fehl in der Annahme, Kinder merkten gar nicht mehr, daß sie ihren Körper während des

Filmesehens „vergessen“ und vernachlässigen. Die alltägliche Beobachtung lehrt etwas anderes: Kinder essen gerne beim Fernsehen, doch sie tun es auf eine Weise, die weniger genießerisch, sondern ebenfalls zwanghaft anmutet. Sie stopfen, ohne recht darauf zu achten, was sie essen, Nahrung während des Filmesehens in sich hinein. Gierig, hastig, reflexhaft. Und – dies ist das eigentlich Auffällige – sie tun dies, ohne eigentlich hungrig zu sein. Wie paßt das zusammen?

Die folgende Überlegung könnte den Zusammenhang erklären: Menschen, die Hunger spüren, registrieren ein vitales Körperbedürfnis. Aber offenbar mißdeuten Kinder, wenn sie von Bildern gefesselt sind, als Hunger auf Nahrung, was im Grunde etwas ganz anderes, nämlich Hunger auf Leben ist. Anstatt persönlich die faszinierende Welt zu betreten und ein eigenes Leben darin zu entwickeln, traktieren Zuschauer im Eßzwang ihren stillgelegten Körper wie den eines Säuglings. Sie transformieren damit psychosoziale und motorische Bedürfnisse in leibliche, so als wären sie mit Nahrung zu befriedigen. Begreiflich ist bei diesem Mißverständnis von Körperbedürfnissen, daß sich durch Essen kein Sättigungsgefühl für Lebenshunger einstellen läßt.

Eßstörungen haben in unserer Gesellschaft zugenommen, und es könnte ein Zusammenhang zwischen (mißverstandenen) Körperbedürfnissen und Sehzwang (Lebens-Ersatzbefriedigung) bestehen. So liegt die Vermutung nahe, daß es zwischen Sehzwang und Eßzwang eine dynamische Wechselwirkung gibt, und es ist zu erwarten, daß, je mehr Bilder eigenes kreatives Leben junger Menschen verhindern, desto mehr Eßstörungen als eine symptomatische Erkrankung in einer bildermächtigen Zeit auftreten.

Eßzwang in Verbindung mit Sehzwang ist eine verzweifelte Kompromißbildung zwischen dem Wunsch nach Teilhabe an der Welt (der schönen spannenden Erscheinungen) und der Frustration darüber, daß man davon weitgehend (aus Angst bzw. fehlender Gelegenheit oder fehlender Übung) vom Leben ausgeschlossen ist; daß man zum Zaungast fremden Lebens wird, wo das subjektive Wohlbefinden der Zuschauer keinen interessiert.

In der Mediengesellschaft wird der Leib der übergeordneten Wertigkeit des (gewichtslosen) Bildes, der körperlosen Erscheinung, des „wie sehe ich aus?" geopfert. Zuschauer behandeln ihre Körper nur scheinbar fürsorglich, wenn sie ihm Essen geben, statt ihn erleben zu lassen. Wenn sie den Körper nur vollstopfen, mißhandeln sie ihn, d.h. sie reagieren autoaggressiv. Insofern wird vielfach am eigenen Körper eine Art rächender Feindseligkeit agiert, die damit zu tun hat, daß im Bild, im Film oder hinter den Bildern niemand sonst greifbar ist, mit dem eine direkte Auseinandersetzung möglich wäre.

Um die psychische Situation von Kindern im Medienzeitalter durch regressives Verhalten gegenüber Filmen zu verstehen, sei noch einmal auf den Schatz der Mythen und Märchen zurückgegriffen. Sie zeigen nicht nur die inneren und äußeren Bedrohungen für Kinder, sondern sie geben zugleich auch die Richtungen an, in denen Lösungen möglich sind.

Hänsel und Gretel – die Protagonisten oraler Konflikte im Märchen – waren hungrig, und sie fielen gierig über all die verführerischen Dinge her, die ihnen die Märchenhexe mit schmeichelnden Worten anbot, so daß Hänsel und Gretel beglückt meinten, sie wären im Paradies.

Wohlweislich aber verschweigen die vermeintlich grenzenlos Schenkenden, die Märchenhexe ebenso wie die unerschöpflichen Filmanbieter, was ihr Preis dafür ist, nach Belieben in rein passivem Genießen zu schwelgen. Sie alle verschweigen, daß sie Kinder nur „zum Fressen gern" haben. Sie verbergen ihre Absichten, daß sie die Kinder nicht aus Kinderfreundlichkeit so üppig bedienen, sondern ihres Gewinnes wegen.

Erst als Hänsel und Gretel – unfreiwillig- aus ihrem Traum unverpflichteter Versorgung gerissen werden und beginnen, selbständig und kritisch zu denken und zu handeln, gelingt es ihnen, die verführerische und mißbräuchliche Macht Erwachsener über Kinder zu beenden. Die Moral der alten Hänsel- und Gretel-Geschichte ist auch für moderne Kinder vor dem Fernseher gültig: Die Warnung vor den Gefahren der regressiven Haltung des „Sich-bedienen-lassens", und die Lösung aus oraler Abhängigkeit durch kritisches Sehen und Wahrnehmen der Intentionen der Spender einerseits und der eigenen Bedürfnisse andererseits.

Die Befreiung, so lehrt das Märchen nicht nur die Kinder, sondern auch Erwachsene, muß durch kritische Einschätzung der Kinder kommen, denn tatsächlich reicht von Erwachsenen propagierter und vollzogener Jugendschutz nicht zur Abwehr der regressiven Verlockungen. Erwachsene Leser ärgert an der Märchengeschichte von kindlicher Versuchung und Befreiung ganz erheblich, daß Eltern als so egoistisch und gemein dargestellt werden, daß sie ihre Kinder im Wald aussetzen. Aus der Sicht von Jugendschützern handelt es sich dabei um schlechte, um versagende Eltern, denen das Sorgerecht für ihre Kinder entzogen gehörte. Doch Erwachsene übersehen dabei, daß die vermeintlich nur versagenden Eltern im Märchen etwas sehr Positives damit bewirkt haben, daß sie für Kinder vernehmlich harte Wahrheiten über ihre egoistischen Erwachseneninteressen deutlich ausgesprochen haben. Interessen, die freilich nicht identisch mit den regressiven Interessen der Kinder waren. Von egoistischen Interessen von Vater und Mutter zu hören, war für die Kinder Hänsel und Gretel sehr schmerzlich, weil sie sich plötzlich nicht mehr einfach auf den altruistisches Schutz der Erwachsenen verlassen konnten. Auf sich gestellt und in Gefahr geraten mußten Hänsel und Gretel daher lernen, selbst genau und kritisch hinzusehen, um Gefahren zu erkennen und zu überwinden.

Auch in der modernen Gesellschaft ist zu fragen, ob und wie Kinder sich von viel raffinierter als die altmodische Hexe arbeitenden Bilder- und Filmemachern mit Bildern füttern und vereinnahmen lassen und ob und wie sie sich letztlich doch mit Gewinn aus der Gefahr befreien können. Solange Kinder jedoch ihr eigenes Leben vernachlässigen, nur um das anderer Menschen im Bild anzusehen, solange arbeiten sie unbewußt daran mit, Opfer des Sehzwangs zu sein. Denn so widersprüchlich es klingen mag, solange Kinder am liebsten fernsehen, produzieren sie, was sie am meisten fürchten und beklagen, die Langeweile, derentwegen sie ins Fernsehen flüchten.

Langeweile und Sehzwang gehören auf eine paradox wirkende Weise zusammen. Bei Jungen und Mädchen, die häufig Filme sehen, ist eine latente Unzufriedenheit und Lethargie zu beobachten, sobald sie nicht wie gewohnt von außen her spannend unterhalten werden. Nach dem Filmesehen wirken sie wie Gestrandete, die sich auf dem Boden ihrer äußeren Realität nur schwer zurechtfinden. Was macht es ihnen so schwer, nach einem Film auf eigene Aktivität umzuschalten und selbst etwas zu spielen oder zu tun? Die Frage ist im Blick auf die Ansprüche der Kinder nach Spannung in der Unterhaltung noch einmal zu stellen.

Spannung in Filmen beruht hauptsächlich auf dem Reiz des Neuen und nicht, wie Künstler es gerne hätten, auf der Qualität schöner Bilder. Spannung im Film oder Bild ist allerdings ein sehr flüchtiger Reiz mit um so höherem Abnutzungseffekt, je mehr Sehroutine erworben wird. Bei rascher Wiederholung neuer Reize stellt sich bei Zuschauern aber auch immer schneller das Gefühl der Langeweile ein, verbunden mit erheblicher Verärgerung, wenn die Erwartungen enttäuscht werden. Hinzu kommt, daß Langeweile in der Mediengesellschaft das am meisten geächtete Gefühl ist, das als eines der schlimmsten Sünden gilt. Sie muß sofort mit neuen spannenden Bildern verdrängt werden, Langeweile darf nach den Gesetzen der Mediengesellschaft unter keinen Umständen ins Bewußtsein der Menschen vordringen.

Im Grund wäre das Gefühl der Langeweile Bildern gegenüber, die das eigene Leben schmälern, ein positives Gefühl, das darauf aufmerksam machen könnte, daß Bilder bloß Surrogate sind und vom echten Leben abhalten. Könnte Langeweile als wichtiges Alarmsignal dafür akzeptiert werden, daß Menschen sich mehr ihrem eigenen Leben anstatt der Scheinwelt in Bildern zuwenden sollten, wäre schon viel gewonnen. Langeweile müßte als ein wertvolles Gefühl erachtet werden und nicht als eine sofort zu beseitigende Katastrophe. Ein Horror vacui, Panik vor der Leere, treibt offenbar in den Sehzwang. Um ihm zu entrinnen, werden immer neue Bilder gesucht, die auch immer nur bloß Lebenssurrogate sein können, sich immer schneller abnützen und immer schneller ersetzt werden müssen, solange keine andere Lösung gefunden wird. Indem sich Menschen durch Bildkanäle schalten, suchen sie irgendwo aus dem verschleißenden Medium Film und Bild doch noch Spannung zu ziehen. Und die Konkurrenz der Fernseher und der Medien treibt die Spirale immer schneller an. So eskaliert die Quantität verfügbarer Bilder mit schnelleren, härteren, kürzeren, fragmentarischeren und dramatischeren Bildschnitten.

Sehzwang und Langeweile werden vielfach durch die reale Lebenssituation vieler Kinder verstärkt. Langeweile ist regelmäßig bei solchen Kindern zu beobachten, die sich nicht frei bewegen, nicht frei zusammen spielen dürfen. Durch enge Wohnverhältnisse und durch die Struktur der Städte, in denen mehr öffentliche Aufmerksamkeit und mehr Geld in die Gestaltung von Straßen und Parkplätzen fließt als in die Gestaltung von Schulhöfen oder von frei verfügbaren Sportplätzen, sind Kinder eingeengt. Zusätzlich zu den äußeren Hemnissen wirkt sich lähmend die Intoleranz vieler Erwachsener gegen raumgreifende, experimentierfreudige und dabei unvermeidlich geräuschvolle Kinder aus. Wenn Kinder aber zu Hause und in der Öffentlichkeit permanent Kritik dafür ernten, daß sie sich raumgreifend und spontan bewegen wollen, und wenn Kinder nicht schön spielen, nicht sauber und still an einem Platz und nicht mit dem, was Erwachsene vorgefertigt haben, zufrieden sind, dann verlieren Kinder oft die Lust, den Mut und das Zutrauen zu sich selbst. Dann resignieren sie und räumen sich fernsehenderweise lieber gleich selbst auf, indem sie per Film aus der konkreten Welt in die vorgespielte flüchten.

Zu den Kräften, die den Sehzwang der Kinder aufrecht erhalten, gehört auch die Strategie der Filmindustrie, kindliche Bedürfnisse nach Wiederholung und Dauer zu vermarkten, indem sie, passend zu den Filmserien, Plastikspielfiguren auf den Markt bringt. Auf diese Weise wird selbst der pädagogische Rat – Kinder sollen sich spielerisch mit Filminhalten auseinandersetzen – noch kommerziell ausgeschlachtet. Mit dem Sehzwang wird gleich noch ein Kaufzwang etabliert. Wie erfolgreich es bereits gelang, kleine Zuschauer auszubeuten zeigt der Siegeszug der Plastikfiguren zu der Serie „Power Rangers". Für mehr als 60 Millionen D-Mark wurden in Deutschland Begleitprodukte zur Zeichentrickserie verkauft. „Ängstigende Situationen können so nachgespielt und bewältigt werden" – zynisch wird jeder Ausweg aus dem Teufelskreis von Seh-und Konsumzwang versperrt.

Vom visuellen Analphabetismus der Kinder profitieren kontinuierlich und äußerst zielstrebig arbeitende Fachleute, ideenreiche Männer und Frauen, in allen Künsten der Bilderwirkung versierte Spezialisten. Und im Gegensatz zu den naiv Sehenden verwenden sie alles verfügbare technische, künstlerische und psychologische Wissen über die Wirkung von bewegten Bildern. Sie organisieren unter Anwendung didaktischer Kenntnisse die visuelle Szenerie unserer Zeit. Indem sie untereinander aus ökonomischen Gründen um die öffentliche Aufmerksamkeit konkurrieren, führen sie einen eskalierenden Kampf gegeneinander um kindliche Aufmerksamkeit. Wie erfolgreich das Geschäft mit Bildern bisher war, mag die Öffentlichkeit an der quantitativen Zunahme kindlichen Fernsehens erkennen. Im Durchschnitt haben Jugendliche der 10. Klasse umgerechnet zwei Jahre ihres Lebens Tag und Nacht vor dem Bildschirm zugebracht und zwar mit einer Aufmerksamkeit, von der Lehrer nur träumen können.

Solch vergleichsweise niedrigen Werte wird es vermutlich in Zukunft nicht mehr geben, mit 127 Millionen D-Mark im Jahr haben auch die öffentlich rechtlichen Sender ein attraktiveres Kinderprogramm von morgens 8.00 bis abends 20.00 Uhr etabliert, um die Kinder von der Konkurrenz der privaten Sender abzufangen. Die kleinen Zuschauer widmen nämlich nach Erkenntnis der Marktforscher rund dreiviertel ihres TV-Konsums Privatsendern.

Die kommerzielle Ausbeutung der Kinder und Jugendlichen über Bilder funktioniert, und sie erfaßt Kinder, sobald sie fernsehen können. Viele Kinder sind längst angepaßt, einfallslos und warten nur darauf, mit fremden Phantasien und fremden Lustigkeiten bedient zu werden. Nach außen fallen stille Kinder nicht mehr auf, sie sind pflegeleicht, dankbare Zuschauer, machen keinen Dreck, sie sind nicht laut, stören die Gesellschaft nicht. Daß sie krank und in ihrer Kreativität gehemmt sind, wird in der Schule zuerst bemerkt. Die Gesellschaft fragt erst, wenn (starke) Kinder zu rebellieren beginnen, nach Gründen für Fehlentwicklungen – und sucht sie viel zu wenig bei sich selbst.

13. Warum interessieren sich viele Menschen für Gewaltfilme?

Wie man in den Wald hinein ruft, so schallt es auch heraus. Erwachsene, die Kinder fragen wollen „warum siehst du solche Filme?“ sollten zuerst einige Fragen an sich selbst richten. Denn die Antworten, die sie erhalten können, hängen wesentlich davon ab, wie und mit welchen vorgefaßten Meinungen sie fragen. Kinder haben ein sicheres Gespür dafür, ob Erwachsene lediglich pro forma oder offen für neue Antworten fragen. Ob sie nur hören wollen, was sie längst zu wissen glauben, oder ob sie bereit sind, sich auf das Risiko der Suche nach neuen Antworten einzulassen.

Man muß nur einmal den Versuch machen, die Frage „warum siehst du so etwas?“ auf unterschiedliche Weise auszusprechen. Etwa so, als käme man gerade müde von der Arbeit und fände Sohn, Tochter oder Partner vor dem Fernseher vor oder als wäre man ein neugieriges Kind oder aber ein strenger Vater oder Chef, um zu merken, wie sich die Atmosphäre und die Motivation für eine Antwort verändern. Anklagende, ärgerliche oder gereizte Töne jedenfalls erzeugen nur gereizte und verteidigende Antworten. Sie ersticken im Keim, was so wichtig wäre: den offenen Dialog zwischen Fragenden und Antwortenden.

Wer die Antwort parat hat, daß es nur eine perverse, sadistische und masochistische Lust am Quälen und Töten sein kann, die Kinder treibt, Gewaltfilme zu konsumieren und wer beobachtet, wie Kinder oft lachend auf den Zynismus in Wort und Bild reagieren, der wird eher von Abscheu und Abwehr erfüllt sein und keine Chance sehen, hier noch offen zu fragen. Und doch hängt alles davon ab, daß Erwachsene sich und den Kindern endlich Chancen geben, Antworten zu suchen, indem sie sich neugierig und offen – trotz aller Vorurteile – auf Fragen nach den Gründen des Interesses einlassen.

Nun gehören freilich Warum-Fragen zu den schwierigsten. Nur leider vergessen Erwachsene dies so häufig, wenn sie Kinder nach Gründen für ihr Tun oder Lassen fragen. Kinder ihrerseits im Bemühen, Erwachsene nicht zu enttäuschen und sich keine Blöße zu geben, greifen rasch zu irgendeiner Antwort, z.B. „weil's halt spannend ist", so als wäre damit bereits alles erklärt. Erwachsene können die Antwort auf die Frage nach den Motiven also nicht fertig von Kindern abrufen. Sie müssen sich schon selbst auf die Suche begeben, Zeit und Mühe investieren, um herauszufinden, was „solche" Filme in den Augen der jungen Zuschauer gut und spannend macht.

Lars etwa könnte theoretisch auf entsprechende Fragen Auskunft geben, doch da er nicht viel redet, kann er eher mit Filmtiteln weiterhelfen – eine stattliche Liste. Er gilt in seiner Klasse als Spezialist für spannende Filme. Wird er nach seinem Urteil zu einem Film gefragt, weil andere wissen wollen, ob es sich lohnt, ihn zu sehen, dann kann er als 14jähriger mühelos 51 Filme, die er spannend findet, nach Genres geordnet auflisten und qualifizieren mit „mittel, geil, gut, sehr gut, super, saugeil, na ja oder scheiß".

Seine Genreliste umfaßt Komödie, Sexthriller, Psychothriller, Antikriegsfilm, Actionfilm, Softhorror, Horror, Indianerfilm, Cyberspace-Film, Western, Erotik. Neben Titeln wie „Basic Instinct", „Schweigen der Lämmer", „Platoon", „Lethal Weapon", „Alien", „Eiskalte Leidenschaften", „Stirb langsam II", führt Lars an sechster Stelle mit dem Prädikat „gut" den Film „Kindergarten-Cop" als Komödie an.

In Videotheken wurde dieser Film einige Jahre lang in der Abteilung Familienkomödie geführt, d.h. er galt als harmlos. Tatsächlich handelt es sich bei dem Film „Kindergarten-Cop" jedoch um einen typischen raffinierten Etikettenschwindel, mit dem die elterlichen Vorbehalte gegen Gewaltfilme unterlaufen werden können. „Kindergarten-Cop" ist ein Beispiel dafür, wie die heimliche Allianz von Regie und Zuschauer über das Zusammenspiel von Angebot und Nachfrage nach lustigen Filmen funktioniert und wie Gewalt im Bild so vermarktet wird, daß keine staatliche oder freiwillige Zensur greift.

„Kindergarten-Cop“ ist jedoch, ein Wolf im Schafspelz, ein Gewaltfilm, er handelt von Erpressung, Mord, Mißbrauch und Drogen. Es wird geprügelt, geschossen, gequält, mißhandelt, mißbraucht, mißachtet und zynisch gesprochen. Und selbst die auf den ersten Blick lustigen Szenen, in denen der Polizistin schlecht wird, oder in denen Kinder sogenannte Wahrheiten über ihre Eltern sagen, sind eher traurig als komisch.

Dennoch empfehle ich Erwachsenen, die einerseits gerne verstehen wollen, warum Kinder so etwas gut finden, sich andererseits aber nicht allzu schlimme „Gewaltfilme“ zumuten wollen, Filme wie „Kindergarten-Cop“ zur Erforschung der Frage, was daran spannend ist, einmal genauer anzusehen.

„Kindergarten-Cop“ erzwingt die kindliche Aufmerksamkeit mit einem turbulenten Anfang: mit aufdringlicher Musik und Verwirrung durch schnelle Schnitte, durch Aktionen wie Wutausbrüche, Erpressung, Mord. Es gibt die böse kalte Mutter – die eigentlich an allem schuld ist – , die nette Polizistin, unfähig, ihren Dienst zu verrichten, so daß der Mann als Held einspringen muß, um im Kindergarten verdeckt zu ermitteln. Es gibt die gute unschuldige Frau, die nur ihren lieben Jungen vor dem Zugriff des bösen Vaters retten will, und es gibt eine energische Direktorin, die den rächenden Schlag gegen einen Vater, der sein Kind verprügelt, lobt.

Der Hauptteil spielt im Kindergarten und ist ruhiger. Da gibt es lustige Szenen, eine Liebesgeschichte, hier entspannen sich die Zuschauer. Man sieht Kinder spielen, turnen und reden über ihre Eltern. Man sieht ideale Erwachsene, die lustig, unterhaltsam, kinderfreundlich sind. Supermann – da lächeln die jungen Menschen – hat Angst vor Kindern im Kindergarten, und sie müssen ihm helfen, dann wird alles gut. Der Schlußteil des Films operiert wieder mit allen Mitteln des Gewaltfilms. Da tritt der böse Vater, der sein Kind erpresserisch besitzen will, auf und legt Feuer. Die böse Großmutter, die an allem schuld ist, wird schließlich mit Waffengewalt besiegt. Und der vaterlose Junge erhält am Ende den Supermann als idealen Ersatzvater.

Der scheinbar harmlose Mittelteil des Filmes rückt familiäre Gewalt in den Mittelpunkt. Der gute Polizist, dem die blauen

Flecken eines traumatisierten Jungen aufgefallen sind, gerät in Wut. Er boxt mit den Worten „du schlägst dein Kind, so schlag ich dich" den Vater nieder. Als er dabei bemerkt, daß die Kindergarten-Kinder ihm zusehen, läßt er immerhin vom finalen Schlag ab und sagt „du bist es nicht wert, daß ich dich schlage" und läßt ihn fallen. Von Interesse ist noch die anschließende Reaktion der Direktorin, die den Schlag befriedigt nachahmt. Sie drückt damit aus, was auch Zuschauer dem bösen Vater wünschen: Schläge aus Rachegefühlen.

Gewaltfilme weisen im Prinzip ähnlich wie „Kindergarten-Cop" dramatische Beziehungskonflikte auf, wie sie, nach außen unbemerkt, häufig zu den Alltagserfahrungen von Jungen und Mädchen gehören. Es sind Konflikte zwischen den Generationen, erpresserische Beziehungen aus enttäuschter Liebe, aus Geld- oder Besitzgier, Vater-Sohn-Konflikte, Freundschafts- und Rivalitätskonflikte, Konflikte in Klassengemeinschaften, aggressive Beziehungen aus Rücksichtslosigkeit, Rivalität, Eifersucht, Haß, Abhängigkeit, Unterdrückung und Erpressung. Gewaltfilme folgen dem Prinzip der Spaltung in Freund oder Feind, sie handeln von der Sehnsucht, einen besten Freund zu haben sowie von der Angst, von Feinden vernichtet zu werden und deshalb ums Überleben kämpfen zu müssen.

Wer wirklich begreifen möchte, warum Gewaltfilme von Kindern als faszinierend und spannend verstanden werden, der sollte sich nicht von abschreckenden Bildern in Filmen in die Flucht schlagen lassen, sondern den Versuch unternehmen, hinter dieser Fassade die Dramen zu erkennen, die durch Konflikte in Beziehungen entstehen. Denn mehr als das äußere Spektakel verursachen Beziehungskonflikte die eigentliche Spannung in Gewaltfilmen. Sie ähneln insofern den Mythen und Märchen.

Wer sich eine Vorstellung von den Dimensionen kindlicher Konflikte machen möchte, ohne sich zunächst in psychoanalytische Fachliteratur zu vertiefen, findet reichlich Material in Mythen und Märchen. Sie zeigen aus gebührender Distanz, ohne gleich persönlich zu werden, was Konflikte an Ängsten, Begierden, Wünschen, Enttäuschungen und Hoffnungen für

Kinder und Eltern bedeuten. Die konflikthaften Seiten der Märchen werden für Männer und Frauen vor allem dann besser verständlich, wenn sie bereit sind, die Wesen, die das Märchen (kindlichem Denken entsprechend) säuberlich in gut und böse, in hilfreich und Verderben bringend trennt, als zusammengehörig zu betrachten. Sieht man etwa die gute Mutter und die böse Hexe nicht als zwei vollkommen verschiedene Figuren, sondern als zwei Seiten ein und derselben Person, dann wird viel mehr von den Abgründen der Ängste spürbar, in die Kinder durch reale oder befürchtete enttäuschende Erfahrung gleichermaßen wie durch ihre subjektiven Gefühle der Wut, des Zorns, des Neides, der Eifersucht immer dann geraten, wenn sie aus irgendeinem Grund über ihre Bezugspersonen enttäuscht und wütend sind.

Konfliktgeladene Märchen, um nur einige der bekanntesten zu nennen, sind etwa"Hänsel und Gretel", in dem die Frage der oralen Befriedigung und des Verlassenwerdens bedeutsam ist; das Märchen von „Rapunzel", die bereits in der Schwangerschaft ihrer Mutter vom Vater gegen gutes Essen, das die Mutter lustvoll begehrte, gleichsam verkauft wurde; die Geschichte von „Schneewittchen", die von der mörderischen Eifersucht zwischen Frau und Mädchen erzählt; die Geschichte „Der Teufel mit den drei goldenen Haaren", worin ein Junge von klein auf vom Mann (König) verfolgt wird; oder das Märchen von „Allerleirauh", eine Inzestgeschichte, aus der das Mädchen nur mit knapper Not zu entfliehen vermag.

Den klassischen Märchen ist gemeinsam, daß sie, obwohl sie Konflikte überaus drastisch darstellen, dennoch einen beliebig nutzbaren Spielraum für Kinder lassen. Je nach ihren entwicklungsspezifischen Bedürfnissen können sie sich die Aspekte heraussuchen, die sie gerade besonders beschäftigen.

„Gewaltfilme" sind im Prinzip zwar den Märchen sehr ähnlich. Auch sie handeln von existentieller Bedrohung eines oder mehrerer Menschen durch Gewalten von Natur oder bösen Kräften, mehr noch aber von bösen Menschen, gegen deren Mißgunst, Neid, Intrigen, Verrat, Angriffe sich die sogenannten Guten zur Wehr setzen müssen. Und es geht dabei wie im

Märchen immer um spaltendes Denken, um „alles oder nichts“, „entweder-oder“, „ganz oder gar nicht“, Macht oder Ohnmacht, Freund oder Feind. Vor allem aber haben Filme, die Kindern imponieren, mit Märchen dies gemeinsam: ein Ende, in dem der Held alle Gefahren überlebt, in dem er siegreich über seine Feinde triumphiert und „sein Glück“ macht.

Doch der wesentliche Unterschied zwischen Märchen und Filmen besteht darin, daß filmische Bilder die Phantasie festlegen, sie überwältigen, mit ihnen feste Vor-Stellungen schaffen, an denen man nicht mehr „vorbeisehen“ kann. Während Märchen weder ihre Gestalt noch ihre Dramaturgie ändern, treiben Filme ein orgiastisches Spiel mit aufregenden, zwingend vorgestellten Bildern, nicht nur um Kindern zu imponieren, sondern weil sie von kommerziellen Interessen getrieben die Konkurrenz – andere Erwachsene – übertrumpfen wollen. Mit Versprechungen, immer neue sensationellere Anblicke der Gewalt zu liefern, hat sich die Filmindustrie der kindlichen Konflikte bemächtigt und schlachtet sie – gekonnt – für ihre Zwecke aus.

Zum Verständnis der Frage, warum „Gewaltthemen“ so großes Interesse finden, hat die Psychoanalyse einige aufschlußreiche Antworten im individuellen, aber auch im kollektiven Bereich anzubieten. Sie sind deshalb von allgemeinem Interesse, weil sie auf die tiefere Bedeutung und die „innere“ Ursache von Konflikten auch in der „normalen“, psychosozialen Entwicklung der Kinder aufmerksam machen. Je nach Alter, Geschlecht und Entwicklungsstand müssen Kinder – so die Prämissen der Psychoanalyse – auch wenn sie „ideale“ Mütter und Väter haben, mit inneren und äußeren Konflikten, die sie plagen, fertigwerden. Sie müssen etwa zwischen ambivalenten Wünschen und Ängsten Lösungen nicht nur für sich selbst suchen, sondern ihre Lösungen müssen immer auch für Vater und Mutter, für ihre Bezugspersonen „passen“, d.h. sie müssen der Tatsache kindlicher Abhängigkeit in Beziehungen zu Erwachsenen Rechnung tragen.

Moderne Forschungen im Bereich der psychoanalytischen bzw. der sich aus der Psychoanalyse entwickelten Familientherapie (in Deutschland u.a. durch Horst-Eberhard Richter, Helm Stierlin und Thea Bauriedl vertreten) haben teils ähnliche, teil unterschiedliche Aspekte familiärer Beziehungsstrukturen erforscht. Das Konzept der „Beziehungsanalyse“ von Thea Bauriedl, das meinen Überlegungen zugrundeliegt, behält einerseits die klassischen psychoanalytischen Vorstellungen – von der Wirkung des Unbewußten, von der Ambivalenz der Wünsche und Gefühle, von den Wirkungen der Konfliktabwehr, von der Wiederkehr des Verdrängten in „Reinszenierungen“ sowie von der Chance für Veränderungen durch „Übertragungen“ – bei. Beziehungsanalyse betont dabei andererseits die Interdependenzen aller Beziehungsstrukturen, d.h. auch wenn Konflikte nur eine oder nur zwei Personen in der Familie zu betreffen scheinen, z.B. Mutter und Sohn oder Tochter, werden sie dennoch auch in ihrer triadischen Dimension, d.h. im Bezug auf den Dritten, den Vater etwa, untersucht. Im Dreieck – dem Grundmodell menschlicher Beziehungen – überlagern, verstärken und formen sich die Beziehungsstrukturen von Eltern und Kind, dort entstehen vielfältige Konflikte und Konfliktabwehrformen, z.B. offene oder heimliche Bündnisse („wer mit wem gegen wen“) oder Problemaufteilungen, Strukturen, die Kinder später unbewußt in anderen Beziehungen „wiederholen“ können. Bauriedls Ansatz bedeutet eine erweiterte – auch die politische Dimension erfassende – Perspektive auf Wechselwirkungen individueller und gesellschaftlicher Strukturen. Er ermöglicht, etwa für die Frage der Gewalt in Beziehungen (zur Abwehr von Konflikten) neue Wege zum Verständnis. Versteht man die Konflikte junger Menschen besser, dann versteht man auch, welchen Themen sie besondere Aufmerksamkeit widmen müssen.

14. Freundschaftskonflikte und ihre Abwehr: „Alles oder nichts“ – „Zwei gegen einen“

Gewaltfilme handeln regelmäßig von Kämpfen zwischen „Freunden“ und „Feinden“, einem Thema, das offenbar maximale Spannung verspricht, weil jeder es aus Kindertagen kennt. Ein ganz alltägliches Beispiel zweier Jungen zeigt im folgenden, wie ihre Freund- und Feindkonflikte entstehen und was sie tun, um sie loszuwerden. So wird deutlich, warum aus inneren und äußeren Gründen für Kinder der Problembereich Freund/Feind von so besonderem Interesse ist, daß sie der Thematik in Realität und im Film große Aufmerksamkeit widmen.

Beide, Tom und Ralf sind 4 Jahre alt und besuchen vormittags denselben Kindergarten. Es sind zwei kräftige Knaben, die gerne umher toben und sich freuen, wenn sie nachmittags miteinander spielen dürfen. In der Großstadt ist das freie Spielen keine Selbstverständlichkeit und geht zu ihrem Leidwesen nicht spontan, sondern nur auf Verabredung. Einer von beiden muß immer erst von Erwachsenen gebracht und entsprechend wieder abgeholt werden.

An der Ungeduld, mit der Tom seine Mutter immer wieder fragt, ob es denn endlich Zeit ist und sein Freund zum Spielen kommt, erkennt jeder, wie sehr Tom sich auf den Nachmittag freut und wie wichtig ihm die Verabredung ist. Als es endlich klingelt, stürzt er zur Tür, strahlt, zieht seinen Freund an den Müttern vorbei ins Kinderzimmer. Auch Ralf strahlt, blickt sich um, die beiden suchen nach einer Idee, was sie zusammen spielen könnten.

Polster liegen am Boden, Tom macht einen Sprung, federt und schwankt und ruft „ich weiß was – wir spielen Schiff“. Ralf erklimmt sofort den Tisch. Er ist begeistert und ruft „ich bin der Kapitän“. Tom schüttelt den Kopf „nein ich“, und Ralf erwidert „nein ich". Tom probiert es jetzt mit Kraft, sich durchzusetzen. Er schubst Ralf vom Tisch, und gleich darauf kullern beide zunächst lustvoll und dann immer angestrengter balgend am Boden. Keiner gibt nach. Enttäuschung malt sich auf ihren Gesichtern, als sie schließlich – immerhin sind beide gleich stark und gleich zielstrebig – mit hochroten Backen jeder in einer Ecke sitzen. So haben sie sich das gemeinsame Spiel nicht vorgestellt. Vom besten Freund haben sie erwartet, daß er gleich ist, daß der eine so will wie der andere, und jetzt aber geht gar nichts. Die Stimmung ist auf dem Nullpunkt. Tom murmelt ärgerlich etwas von „soll wieder gehen" – eine für Kinder und Erwachsene, die sie so sehen, scheußliche Situation.

In diesem Augenblick, als die beiden verdrossen dasitzen und keine Lust zum Spielen mehr zu haben scheinen, kommt plötzlich die jüngere Schwester Toms, Anna. Sofort, ohne daß die beiden Jungen ein Wort besprechen müssen, haben sie jetzt eine neue Spielidee, die man unschwer erraten kann. Es ist eine Idee, die beide ihren Konkurrenzkonflikt, der ihnen gerade noch das Spiel verdarb, vergessen läßt. Wie durch Zauberei sind sie plötzlich wieder vereint als dicke Freunde mit gemeinsamen Interessen: Sie spielen Räuber und Gendarm. Jetzt, vereint, sind beide gleichermaßen Hüter des Rechtes und die Dritte, die Schwester, im übrigen glücklich darüber, daß sie endlich einmal nicht überflüssig ist, sondern mitspielen darf und insofern für die Großen wichtig ist, sie muß der Räuber sein, ein Bösewicht, der gefangen und gefesselt werden „muß" und insofern schlecht behandelt werden darf.

Wie schlecht die beiden „Gendarmen" im weiteren Spielverlauf unter der Vorgabe, für Recht und Ordnung (der von ihnen phantasierten und mutwillig definierten „Rechtsverstöße durch Anna") ahnden, das hängt von dem sich nun entwickelnden Prozeß, der eine eigene Dynamik aufweist, ab.

Zunächst haben alle drei offensichtlich Spaß am neuen Spiel. Anna saust – auf Anweisung der Knaben – los. Jauchzend läßt sie sich von Tom und Ralf verfolgen und, da die beiden Jungen viel schneller und cleverer sind, ist Anna bald eingefangen. Sie wird nun abgeschleppt und je nachdem, was den beiden einfällt, gefesselt oder an einen Baum gebunden.

Noch lacht Anna. Aber als die Jungen feixend den Strick fester ziehen, wissen Zuschauer, was demnächst kommen wird: Anna wird anfangen zu jammern, und wenn sie Glück hat, hören die Jungen auf ihre Signale des Unbehagens und befreien sie wieder.

Wenn Anna aber Pech hat, d.h. wenn Ralf und Tom an ihr etwas von dem Verdruß abreagieren, den sie als Konkurrenten anfangs hatten, oder wenn beide die Gelegenheit erkennen, alte Rechnungen mit der Schwester aus Gefühlen des Neides, des Hasses, der Eifersucht auf das jüngere Geschwister zu begleichen, dann ist die Frage nach der Sicherheit Annas in den Händen der beiden Jungen zumindest offen.

Denn auch Ralf hat eine jüngere Schwester, von der er sich oft geärgert und durch die er sich häufig benachteiligt fühlt. Es gibt bei beiden Jungen ein aggressives Potential, mit dem umzugehen ihnen oft schwerfällt. Natürlich wissen sie aus unzähligen ähnlichen Situationen, daß sie nicht zu weit gehen dürfen, daß sie Rücksicht auf Jüngere und Schwächere nehmen müssen. Aber sie respektieren diese Vorschrift Erwachsener weniger aus Einsicht als vielmehr aus Furcht vor Kritik und drohender Strafe. Sollte Anna jetzt allzu laut schreien, dann eilen – das wissen Ralf und Tom aus Erfahrung – Erwachsene herbei und schimpfen und beschuldigen die Größeren, den Kleineren Unrecht getan zu haben.

Man kann sich leicht vorstellen, daß im Prinzip das Eingreifen Erwachsener in dieser Situation nur kurze Zeit hilft, weil es nichts an dem ursprünglichen Konflikt zwischen Tom und Ralf zu ändern vermag. Der Konflikt der Jungen, einerseits gleich andererseits aber bestimmend sein zu wollen ist noch nicht gelöst. Ausgerechnet durch ihren idealisierten Gleichheitswunsch und ihr Verlangen endlich einen allerbesten Freund zu haben, erleben sie, daß sie nicht nur uneins, sondern daß sie Konkurrenten sind, von denen jeder bestimmen will, was gespielt werden soll. Tom und Ralf haben noch keine Lösung für ihren Konflikt gefunden. Die Lösung, die ihnen Erwachsene an dieser Stelle einreden wollen, nämlich daß sie einfach abwechseln sollten im Bestimmen, müssen sie erst noch für sich finden.

15. Freundschaftskonflikte und die Suche nach Feindschaft

Der Konkurrenzkonflikt – den Tom und Ralf erlebten, ist kein Einzelfall, sondern typisch. Vergleichbare Prozesse kann man überall beobachten, wo Kinder im Kindergarten, in Schule oder Freizeit zusammen sind. Sie folgen dem Grundmechanismus, daß zwei (oder mehrere) Kinder, die gerne befreundet und gerne gleich wären, aber auf Konkurrenzprobleme stoßen, ein drittes Kind (oder mehrere „dritte") in aggressive Spiele verwickeln. Meine Schlußfolgerung aus analytischer Beobachtung solcher psychosozialer Konfliktszenen ist, daß Kinder in einigen Phasen ihrer Entwicklung eine zu radikalen und oft genug gewaltsamen Lösungen neigende Disposition entwikkeln, die ich Disposition zur Radikalität nenne. Es geht mir darum, eine Art kleinstes gemeinsames Vielfaches, eine konflikthafte „Grundszene" im sozialen Verhalten von Kindern an der Nahtstelle Familie und altersgleicher Gruppe zu erfassen. Diese Kernszene findet in vielen Varationen so häufig statt, und ist so folgenreich nach innen und außen – auch für den politischen Bereich – daß es für Erwachsene hilfreich sein könnte, die in ihr enthaltenen Konflikte der Kinder zu verstehen.

Die Disposition zeigt sich besonders in den Entwicklungsphasen der frühen Kindheit und Pubertät, in denen das Kind seine innere Sicherheit bereits durch Kollisionen seiner Wunschwelt mit der Realität innerhalb der Familie und mit Erfahrungen im Umgang mit Erwachsenen als erschüttert erlebt hat und sich schmerzlich und angstvoll seiner eigenen Kleinheit, Verletzbarkeit und Abhängigkeit von Erwachsenen bewußt wird. Gerade wenn Kinder die (unvermeidlichen) Konflikte mit Erwachsenen schon recht gut, aber die außerhalb der Familie noch wenig kennen, hoffen sie, außerhalb der Familie

Gleichaltrige und, so ihre Hoffnung, endlich Freunde, endlich Gleichgesinnte als „Verstärkung“ für sich zu finden. Aber mit diesem Wunsch stoßen sie auf frustrierende Konflikte. In ihrer Not, weil ihnen zu diesem Zeitpunkt so besonders viel an der Freundschaft mit Ihresgleichen liegt, setzen Kinder alles daran, diese Konflikte so rasch wie möglich – durch Verdrängung – zu beseitigen.

Die Konflikte beginnen regelmäßig mit unvereinbaren Wünschen nach Gleichheit und Überlegenheit (Bestimmenwollen). Jeder will der erste sein, will über das begehrte Spielzeug verfügen, jeder will seine beiden Wünsche beim anderen durchsetzen. Für beide ist die wechselseitige Enttäuschung unvermeidlich. Die Ansprüche des anderen werden als drohende Entwertung der eigenen Person, als Bedrohung der eigenen Position empfunden, und sie lassen sich weder mit Gewalt (Raufen oder Erpressung), noch mit List (Bestechung) einfach aus der Welt schaffen. Auch ein Spielabbruch, zu dem Kinder an dieser Konfliktstelle tendieren, bringt keine Lösung sondern verstärkt Ängste vor dem Alleinsein, dem beide ja entfliehen wollten.

Auf der Suche nach einer Lösung ihres Konfliktes greifen Kinder nun zu der für sie geradezu idealen Lösung, die ohne daß einer auf seine Ansprüche verzichten müßte, für beide ein Gewinn zu sein scheint. Sobald es den beiden gelingt, irgendeinen Dritten, meist einen Schwächeren oder Jüngeren in ihr Spiel zu verwickeln, können sie sich wieder verbünden. Als Verbündete können, ja müssen sie gemeinsam agieren. Die aggressive Kumpanei gegenüber einem Dritten, dem deklarierten „Bösen“, einem „Feind“, auf den sie ihre Aggressionen richten können, den sie fangen, verfolgen oder schlecht behandeln können, schweißt sie fester zusammen als ihre labile Freundschaft es vermag. Indem sie dem Dritten eine einheitsstiftende Funktion zuweisen, gewinnen sie zugleich einen „Blitzableiter“, an ihm lassen sie, das hat mit dessen Person gar nichts zu tun, ihre Wut und ihren Frust ab. Je enttäuschter beide wechselseitig in ihren Ansprüchen aneinander zuvor waren, je gekränkter, je wütender über die Konkurrenz und Unnachgiebigkeit des anderen, desto schlechter behandeln sie nun den Dritten.

Ob zwei in aggresssiver Kumpanei (dem Ersatz für Freundschaft) die Schmerzgrenzen des Dritten respektieren oder aber mutwillig überschreiten, ist grundsätzlich offen. Das hängt von den individuellen Vorerfahrungen der Kumpane ab, ob sie selbst ausreichend positive Erfahrungen mit ihren Gefühlsäußerungen erworben haben, ob Erwachsene ihre Schmerzen respektiert, nicht aber übergangen, bestraft oder gar verhöhnt haben. Dann hat der dritte eine gute Chance, pfleglich von den beiden Verbündeten behandelt zu werden. Dann sind beide in der Lage, Schmerzsignale ernst zu nehmen und als Spielgrenzen rechtzeitig zu respektieren.

Gefährlich hingegen wird es für den Dritten, wenn einer oder gar beide gehäuft negative Erfahrungen mit Gefühlsäußerungen gemacht, wenn sie gelernt haben, daß sie ihre eigenen Gefühle nicht zeigen dürfen, daß sie übergangen werden dürfen, daß sie sich also innerlich panzern mußten, um weniger weniger kränkbar zu sein. Dann werden die beiden Verbündeten Gefühlsäußerungen und Schmerzsignale des Dritten nicht respektieren, dann werden sie seine Schmerzsignale allenfalls interessiert und scheinbar gefühllos studieren und experimentierend die Grenzen überschreiten. Die Konstellierung eines Dritten als „Feind“, ist insofern der billige Preis, den zwei Kinder, die Konflikte miteinander haben, zur Überbrückung ihrer akuten internen Beziehungsprobleme entrichten.

Druck von außen muß dann „das Schlimmste“, Gewalttätigkeit verhindern und deutliche Grenzen markieren. Aber vor dem Hintergrund der bisherigen Überlegungen ist auch klar, daß Druck von außen zugleich die Solidarisierung der beiden Kumpane verstärkt. Sie schonen den dritten dann nicht aus Einsicht, und nur solange Druck ausübende Erwachsene anwesend sind. Der Grundkonflikt ist damit nicht gelöst.

Wie kann man Kinder unterstützen, damit sie die Disposition zur Gewalt überwinden? Sieht man den Freundes- und Konkurrenzkonflikt hinter der „Feind“-szene „zwei gegen einen“, dann wird klar, daß es nicht genügt, Kindern zu sagen, daß Feinde auch nette Menschen wären, daß man sich versöhnen müßte. Man muß kritischer beachten, wo und wie in vielen Alltagsbeziehungen Kindern unrealistisch hohe – idealisierte, nämlich konfliktfreie – Freundschaft-Phantasien suggeriert werden. Man könnte Mittel und Wege suchen, damit Freundschaftskonflikte Kindern stärker als „normale“ Konflikte erscheinen, für die man andere Lösungen als die „Feind“-lösung finden könnte.

Wo Erziehung in Familie und Schule darauf basiert, vor allem Fehler und Schwächen im Vergleich mit Besseren und Stärkeren zu messen, ohne die damit verbundenen Kränkungen und Demütigungen als Problem zu beachten, trägt Erziehung zur Steigerung der Konkurrenzproblematik bei, ohne auf die Folgen zu achten. Enttäuschungen in der Schule durch Noten und Kritik etwa werden leider noch viel zu sehr als individuelle Schwierigkeiten angesehen und nicht als fundamentale, aus der Konkurrenz resultierende Schulprobleme. Unsere Gesellschaft trägt auf diese Weise einen wesentlichen Teil dazu bei, daß Kinder sich, um gegen Kränkungen unempfindlich zu werden, immun gegen die eigenen Gefühle machen und in der Folge ihre emotionalen Antennen auch für den dritten abbauen. Damit aber verstärkt die Gesellschaft Faktoren der radikalen Dispositionen anstatt Kinder bei ihrer Überwindung zu fördern.

Warum sind viele Kinder so fixiert auf die Rolle des Bestimmenden, warum ist die Konkurrenz-problematik so groß? Ihre psychische Situation ist eher verständlich, wenn man ihre Angst, nämlich zum Verlierer zu werden, berücksichtigt. Erwachsene könnten versuchen, sich das Weltbild von Kindern zu vergegenwärtigen. Es ist ein Bild voller Gegensätze, es scheint nur stark oder schwach, Gut oder Böse, Freund oder Feind, Krieg oder Frieden, Hölle oder Himmel zu geben. Angesichts derartig bedrohlicher Alternativen – „des Entweder-Oder“, „des Alles oder Nichts“ – reagiert ein Kind, das sich vor dem Nichts, vor seiner Ohnmacht zu recht fürchtet, dadurch, daß es sich kraft seiner Phantasie auf die Seite des Starken, des Mächtigen rettet. Identifiziert mit dem Mächtigen, kann es sich so fühlen, als wäre ihm Schwache völlig fremd. Mit Phantasien von unerschöpflicher Kraft, grandioser Überlegenheit und Schmerzfreiheit verstärkt ein Kind zwar seine schwache Position in der Welt, aber es gewinnt damit keine Beruhigung, sondern auch neue Probleme.

Mit seinen Phantasien der eigenen Stärke gerät das Kind in einen Teufelskreis wachsende Beunruhigung. Denn Mißtrauen wächst, ob nicht auch die Gegenseite, der böse Feind, immer stärker und damit immer bedrohlicher wird. Aus diesem Grund werden gegenteilige Signale der Schwäche, der Kleinheit besonders beachtet, gerade die im eigenen Bereich werden verleugnet oder aber verachtet – man vermag sie nicht gelassen zu akzeptieren.

Solange Kinder mit alternativen Lösungen (Nachgeben, Abwechseln) vor allem die Vorstellung von Schwäche und das Gefühl kränkender Zurücksetzung der eigenen Person verbinden, erleben sie solche Lösungen als Akt der Entwertung. Zur Entwicklung alternativer Konfliktlösungen bräuchten Kinder also viel mehr Unterstützung in Elternhaus, Kindergarten, Umwelt und Schule.

Die Disposition zur Radikalität bei Kindern hat leider über den privaten und sozialen Nahraum hinaus auch eine politische Dimension. Gerade weil es Kindern normalerweise ganz erhebliche Schwierigkeiten bereitet, auf feindselige Lösungsmuster nach dem Prinzip der radikalen Disposition zu verzichten und diese Disposition human zu modifizieren – d.h. den oder die „Dritten“ aus der Funktion als „Feind“ zu entlassen – sind Kinder politisch verführbar. Sie sind empfänglich für Botschaften aus der Gesellschaft, die Unnachgiebigkeit, Kompromißlosigkeit, physische Stärke, rassistischen Stolz oder nationalistische Macht und Feindbilder betonen.

Kinder vernehmen täglich viele Botschaften von Erwachsenen als unterschwellige Hinweise darauf, ob sie auf ihre Disposition zur radikalen Lösung, zur Feindbildkonstruktion, verzichten müssen oder ob sie diese beibehalten oder gar forcieren dürfen. Auch Produzenten von Spielzeug und Filmen bedienen diese latenten kindlichen Bedürfnisse nach radikalen

Lösungen. Sie bieten für Jungen z.B. vielfältige Variationen zum Thema „Superheld“ an, der sich rücksichtslos durchsetzt und hemmungslos alle die sich ihm in den Weg stellen, niederknallen darf. Und für Mädchen bieten sie zum ewigen Konkurrenzspiel, wer ist die Schönste, märchenhaft elegante Superfrauen wie Barbiepuppen von perfektionierter Schönheit, an. Die modernen Varianten der Heldenthematik in Computerspielen sind von besonderer Art: Sauber, glatt, bar jeglicher Gefühle, ewig reproduzierbar, d.h. vollkommen folgenlos für den Betreiber können hier radikale Konzepte in zwanghafter Wiederholung unendlich oft zelebriert werden. Auch das Filmgeschäft zielt auf die Bedürfnisse der Kinder in der radikalen Disposition mit ihrer Tendenz zur Feindbildung und zur Idealisierung von Freundschaften.

Und doch ist es ein Irrtum, anzunehmen, diese Spiele oder Filme erst würden Kinder auf gewaltsame, radikale und feindselige Gedanken bringen. Solche Gedanken haben sie bereits, wenn sie sich für solche Themen interessieren.

Berücksichtigt man eine Disposition zur Radikalität bei Kindern mit ihren illusionären Wünschen, Freundschaftskonflikten und Feindbildkonstrukten, dann wird man einerseits die Sorge Erwachsener, Kinder könnten durch inhumane Bilder und Filmgeschichten, die ihre Konflikte dramatisch inszenieren, „verdorben“ werden, besser verstehen. Man wird aber andererseits auch deutlicher sehen, daß die eigentlichen Gefahren nicht von Bildern, sondern vielmehr von realen Beziehungen ausgehen, nämlich von dem, was Kinder in echt durch die Menschen ihrer Gesellschaft, nicht nur durch Eltern sondern auch durch Nachbarn, Lehrer, Politiker usw. hören und erfahren.

Die „Vorbild“-Wirkung der filmischen Machwerke wird bei weitem überschätzt gegenüber der tatsächlichen Vorbildwirkung Erwachsener. Erwachsene in der Realität machen vor, wie sie die Würde der Kinder gerade bei offenkundigen Fehlern und Schwächen achten oder mißachten. Aber auch öffentliche Rechtfertigungen feindlicher Einstellungen gegen Minoritäten, Rufe nach schnellen Lösungen durch den starken Mann, sobald Probleme auftauchen und das Klagen über „langes Reden“, über „Orientierungslosigkeit“ und „Werteverlust“ in der Demokratie, wirkt negativ, weil es die kindlichen Illusionen nährt, alles könnte viel besser werden, wenn nur einer radikal durchgreifen würde. Auf diese Weise werden die Bemühungen der Gesellschaft, Kinder zur Überwindung der radikalen Disposition anzuhalten, durchkreuzt.

16. Die beste Freundin – auf Kosten der Feindin

Viele Frauen drücken ihren Abscheu gegenüber Gewaltfilmen besonders deutlich aus und halten das Interesse daran für ein typisch männliches. Diese Haltung ist besonders folgenreich, wenn etwa Mütter sehen, wie ihre Söhne ein Faible für Gewaltfilme entwickeln, und heftig, vorwurfsvoll und aggressiv reagieren, als hätten sie den zukünftigen Täter bereits vor sich. Das grundlegende Lösungsmuster für infantile Konflikte in dualen Freundesbeziehungen – nämlich dritte aus Freundschaftskonflikten heraus als feindliche Objekte zu benutzen, um Binnenkonflikte zu überbrücken, findet jedoch, wie die folgenden Beobachtungen aus dem Alltag zeigen, gleichermaßen bei Jungen und Mädchen statt.

Folgende Beispiele zeigen, von welcher Art die Konflikte der Mädchen sind, für die Lösungen gesucht werden, die sich unter dem Aspekt der radikalen Disposition verstehen lassen. Zwei 5jährige Mädchen verabreden sich zum gemeinsamen Spiel außerhalb des Kindergartens, schwierig ist für sie allerdings, ein Spiel zu finden, das beiden gleichermaßen Spaß macht. Schließlich einigen sie sich auf Verkleiden als Prinzessin. Die Schwierigkeit ist nun, daß jede Prinzessin sein will und keine Prinz oder König. Beide versuchen zunächst, ihr Interesse mit Druck, durch Drohung oder Erpressung („ich gehe, wenn du nicht ...", „dann spiel' ich mit Karin") durchzusetzen. Da aber keine bereit ist nachzugeben, weil jede bestimmen will, was gespielt werden soll und jede die Schönste und begehrt sein will, finden sie schließlich einen scheinbar idealen Kompromiß, sie spielen zwei Prinzessinnen. Und da sitzen sie dann, beide auf den ersten Blick ein Bild des Friedens, schön geschmückt nebeneinander. Sie plaudern artig, wer welchen Prinzen erwartet, und doch ist ihre Situation hoch ambivalent, sie stehen unter Gleichheits- und Rivalitätsdruck. Sie tragen diesen Konflikt freilich nicht raufend aus, sondern indem sie sich gegenseitig loben und vergleichen, wem was besser oder aber schlechter steht. Ihre Konflikte sind unlösbar, denn sie sind aufeinander angewiesen, und daher unterdrücken sie diese Konflikte, und es ist kein Wunder, daß sie sich beide bald gelangweilt fühlen und daß ihre Enttäuschungsaggression wächst.

Nun versuchen beide, die latente Aggression untereinander nach außen zu lenken: Nun werden Dritte in einer ganz besonderen Weise ins Gespräch gebracht: „Du bist ja meine beste Freundin, aber die Petra ..." – d.h. eine dritte wird verraten, schlecht gemacht und als gemeinsames Opfer benutzt, um die duale Beziehung unter der gegenseitigen Auflage, das gemeinsame Geheimnis zu wahren, zu festigen. Wenn nun in dieser Situation mühsam verdrängter Konflikte die dritte Person tatsächlich leibhaftig auftritt, dann zeigt sich sofort, wie labil die Zweierbeziehung ist; nämlich die dritte, über die beide bisher aggressiv redeten, wird von einer zur Seite genommen mit den Worten: „Weißt du, was die über dich gesagt hat?" Die verdrängten Aggressionen motivieren jetzt beide für eine neue Runde in der Suche nach Bündnissen zweier gegen eine. Die ersehnte Gleichheit und der illusionäre Wunsch nach Einheit wird so von den Mädchen unter gleichgeschlechtlichen Ambivalenzkonflikten nicht erreicht. Der Versuch, Gleichheit um den Preis der aggressiven Kumpanei, mit der Dritte aggressiv herabsetzend „vernichtet" werden, zu erreichen, scheitert.

Weibliche Ausprägungen der Disposition zur Radikalität erscheinen auf den ersten Blick weniger dramatisch und körperlich weniger riskant als bei Jungen. Sie gelten daher auch als weniger schlimm. Ein Irrtum. Mädchen agieren ihre Freundeskonflikte nicht in so eindeutig sichtbarer Form, aber sie richten sie ebenso auf Dritte nach außen. Mädchen schlagen und treten eher so, daß man es nicht so deutlich von außen sehen kann, berichtete mir eine 14jährige. Sie würden schubsen und heimlich Gemeinheiten aushecken. Neuere Berichte von Erziehern legen zudem die Vermutung nahe, daß dort, wo Mädchen die traditionellen Rollenmuster bewußt ablehnen, Mädchen ganz ähnliche aggressive Formen der Ausgrenzung und der Opferung Dritter praktizieren wie Jungen.

Wie der Bericht einer Mutter über ihre 7jährige Tochter Tanja zeigt, gibt es viele Mädchen, die den Umweg der Delegierung ihrer Aggressionen an eine Gruppe von Mädchen oder Jungen benutzen; durch eine gemeinsame „böse“ Tat wird, wenn schon nicht Freundschaft, so doch eine Art von „wir gehören zusammen“-Gefühl der Komplizenschaft erreicht.

Die Mutter war auf hoch ambivalente Konflikte Tanjas mit Kindern dadurch aufmerksam geworden, daß diese sich wochenlang weigerte, allein von der Schule nach Hause zu gehen. Sie hatte, wie die Eltern im Gespräch mit anderen Eltern herausfanden, begründete Angst, von einer Gruppe gleichaltriger Mädchen und weniger Jungen, in der ihre vormalige Freundin Lissy dominierte, verprügelt zu werden. „Ich spiel' nicht mehr mit der, verprügelt die mal“, so hörten Eltern, wie Lissy die Gruppe anstachelte, um ihre Aggressionen gegenüber Tanja an die anderen zu delegieren. Und Mädchen aus der Gruppe benutzten wiederum Tanja als Rechtfertigung für ihre eigenen als „Mithilfe“ deklarieren Aggressionen: „Die hat gesagt, ich soll sie schlagen“.

Mein Eindruck aus Praxisbeobachtungen und aus Gesprächen mit Mädchen und Eltern ist, daß Mädchen mit Beginn der sexuellen Reifeentwicklung häufig aufhören zu raufen. „Es macht keinen Spaß“ sagen sie oder es sei nicht „cool“. Sie berichten allerdings von „Schlägerbräuten“, die gefürchtet würden, weil sie, vor allem um anzugeben vor Jungen, vorübergehende Mädchen provozieren: „Was guckst du so blöd, willste Dresche?“ – und klatschen oder treten. Mein Eindruck ist, daß sehr ambivalente Gefühle über die körperliche Entwicklung bei vielen Mädchen in der Pubertät eine Tendenz zur Zurückhaltung vor aggressivem Einsatz bewirkt. „Cool wirken“ sei besser, sagten einige in Abwehr verdrängter Berührungsängste. „Raufen – wie sieht das denn aus?“ – mit solchen Äußerungen zeigten einige Mädchen ihre Befürchtungen an, lächerlich oder kindisch zu wirken und dann herabsetzend behandelt zu werden. Mädchen verwenden untereinander, so sagten 13jährige, lieber Formen der Aggressivität aus größerer Distanz, kurze Schläge oder Tritte oder aber sie delegieren aggressive Handlungen an eine Gruppe von Mädchen oder an Jungen. Auch Mädchenfreundschaften stehen unter dem Konfliktdruck widersprüchlicher Wünsche nach Gleichheit und Überlegenheit, der sie veranlaßt, Dritte offen oder verdeckt aggressiv zur Konfliktabwehr zu benutzen.

Im Bestreben, im außerfamiliären Bereich eigenständige Beziehungen zu entwickeln, suchen Mädchen wie Jungen im Kindergarten z.B. Kontakt zu Gleichaltrigen und Gleichgesinnten, und häufig bevorzugen sie Gleichgeschlechtliche. Sie folgen dem Wunsch nach Gleichheit und nach Verstärkung für die eigene – gegenüber Erwachsenen als schwach erlebte – Person und Position und geraten dadurch in Konkurrenzkonflikte, wie Mädchen sie zuhause, der Mutter als erwachsener Frau gegenüber, bereits frustrierend erlebt haben. Denn mit der zunehmenden Fähigkeit, Realitäten zu erkennen, nehmen auch Mädchen weibliche Unterschiede der Attraktivität deutlicher wahr. Differenzen im Körpervergleich interessieren sie auch im Vergleich Mädchen/Frau und sie verursachen Identitäts- und Wertfragen in Bezug auf den Dritten, den Mann, den Vater. „Wer bin ich, was werde ich sein, wie werde ich sein?“ Identifikationswünsche („sein wie ...“) des kleinen Mädchens setzen Körper-, Macht-, Bedeutungs- und Wertvergleiche voraus. Sie betreffen auch die dem kleinen Mädchen rätselhafte sexuelle Attraktivität der erwachsenen Frauen (der Mütter) für Männer (Väter).

Weibliche Neid-, Rivalitäts-, Eifersuchts- und Aggressivitätskonflikte sind verbunden mit Attraktivitätsvergleichen, in der Terminologie der Psychoanalyse bezeichnet man sie als ödipale Konflikte. Aus feministischer Perspektive werden diese Begriffe zu recht kritisiert, weil Freud nur die männliche Sicht beschrieb und die weibliche davon ableitete. Diese Kritik sollte jedoch nicht dazu führen, daß Frauen im Kampf um die richtigen Begriffe versäumen, die entsprechenden weiblichen Ausformungen der „mörderischen“ Rivalitäts- und Konkurrenzproblematik zwischen Frauen zu beschreiben.

Die Konkurrenz-und Rivalitätskonflikte, die kleine Mädchen in der „ödipalen“ Phase haben, sie sind wie die der Jungen im Prinzip tragisch, denn ganz gleich, ob das Mädchen gewinnt oder verliert, es handelt sich existenzielle Probleme ein. Wenn es z.B. in der Konkurrenz mit der Mutter siegt, d.h. wenn es den Platz beim Vater gewinnt, gerät das Kind in eine Mißbrauchssituation. Verteidigt die Mutter ihren Platz, wird das Kind zum Verlassen des elterlichen Bettes gezwungen, dann kann es sich verstoßen fühlen und muß sich anderweitig orientieren. Es muß eigene Freunde zu gewinnen suchen.

Begibt sich das Mädchen also – im Verzicht auf den Besitz der Eltern – nach außen auf die Suche nach Freunden, so sucht es zunächst eher gleichgeschlechtliche Beziehungen. Daher setzt es so hohe Erwartungen an die neue Freundin, sie soll ausgleichen, was vermißt wurde. Sie soll gleich sein, sie soll keine abweichenden Eigeninteressen haben. Damit aber ist die Enttäuschung in der Freundschaft für das Mädchen vorprogrammiert, denn differierende Interessen gefährden die Illusion der Einheit, und sie bedrohen den ersehnten Zusammenhalt unter Gleichen und erzeugen heftige Enttäuschungsaggressionen.

Die Bedrohung der Freundschaft, das ist das Ergebnis dieser Überlegungen, kommt also aus dem Binnenbereich, aus der heiß ersehnten Freundschaft, auf die das enttäuschte Kind so sehr angewiesen ist, sobald es eigene Schritte aus dem Elternhaus herausgeht. In dieser Situation der von innen bedrohten Zweierbeziehung folgen auch Mädchen dem Feindbild-Konzept der radikalen Disposition. Durch die Konstruktion des Außenfeindes oder der Außenfeindin, der oder die gemeinsam entwertet und bekämpft werden kann, wird auf der Binnenseite jedoch lediglich Kameradie – nicht aber Freundschaft – erzeugt.

Mädchenbeziehungen, auch wenn sie äußerlich friedlicher im Vergleich zu Jungenspielen erscheinen, weisen bei näherem Zusehen ebenso aggressive, entwertende, ausgrenzende, den oder die dritte zum „Feind“ machende Beziehungsmuster nach der Formel „zwei auf Kosten des dritten“ auf. Die Gewalt der

Mädchen hat – vermutlich kulturbedingt – andere Formen als die der Jungen, doch ist sie ebenso zielgerichtet und verletzend, mehr seelisch als körperlich, sie ist entwertend, verräterisch, und damit zugleich „unangreifbarer", weil sie mehr indirekt als mit körperlichen Taten stattfindet. Die moderater erscheinende Ausprägung physischer Gewalt bei Mädchen kann insgesamt kaum als moralisches Verdienst der Mädchen interpretiert werden. Nichts spricht dafür, daß sie Ergebnis eines bewußten Verzichts auf aggressive Durchsetzung ist. Sie ist vielmehr Ausdruck eines Umweges, weil rollenspezifische Erwartungen und die Unterschätzung der eigenen physischen Kräfte Mädchen den direkten Weg der Auseinandersetzung verbieten.

Mädchen verstricken sich häufig in quälende Prozesse erpresserischer Freundschaften, die sie schmerzlich weit entfernen vom ersehnten Ziel der Gleichheit und Freundschaft; für alle Beteiligten, auch Eltern oder Erzieher, sind diese Prozesse schwer begreiflich oder erträglich, zeugen sie doch oft von beträchtlicher Bosheit, Berechnung und Raffinesse und enden oftmals in offenen oder heimlichen Zerstörungen. Eine Lehrerin berichtete etwa, daß zwei Mädchen in solcher konflikthafter Zweierbeziehung einer dritten das Turnzeug zerschnitten und sich hinterher wechselseitig verrieten und beschuldigten.

Kampf zwischen Jungen und Mädchen um den ersten Platz

Das folgende Beispiel aus einer Schulklasse zeigt, wie die Disposition zur Radikalität auch beide Geschlechter miteinander zu aggressivem Verhalten der Kameradie führt, sofern es für beide nützlich ist, um Konflikten heterosexueller Konkurrenz durch Konstruktion eines dritten als „Feind" auszuweichen.

Am Rande der Projektarbeit gegen Gewalt „Hinsehen statt Wegsehen" ereignete sich 1995 in einer gemischten ländlichen Schulklasse folgende Szene. Die Lehrerin, eine junge attraktive Frau, hatte zuvor schon auf besondere Rivalitätsprobleme in ihrer Klasse zwischen den Mädchen einerseits und zwischen Mädchen und Jungen andererseits aufmerksam gemacht. Mit wenigen Ausnahmen bildeten die Mädchen unter der Diktatur einer Schülerin eine mächtige Clique. Alle ihr zugehörigen trugen ähnliche Frisuren und ähnlichen Haarschmuck. Die Lehrerin beklagte die permanente Opposition der Anführerin ihr.gegenüber Sie wirke als Zensorin für das, was die übrigen Mädchen tun oder nicht tun oder sagen dürften.

Die Schülerinnen und Schüler der 6. Klasse mußten geraume Zeit warten, bis sie einzeln durch eine kleine Absperrung durften, um von einem Maskenbildner geschminkt zu werden. Ungeduldig drängelten sie sich vor der Absperrung und versuchten, die Reihenfolge untereinander festzulegen und kämpften darum, wer als nächstes dran sei. „Ich bin der erste“ rief Jan, ein kräftiger Junge, triumphierend am vordersten Platz und wies einem Kollegen, der unmittelbar neben ihm stand, den zweiten Platz zu. Hinter dem Wortführer der Jungen stand jedoch die physisch gleich kräftig wirkende Anführerin der Mädchen, Anni, umringt von ihren Freundinnen. Diese drückten den Jungen zur Seite. Die Situation drohte zu eskalieren, der Platz der Jungen schien plötzlich durch die Mädchen bedroht. Da drehte sich Jan auf einmal um und sprach einen körperlich großer, aber unbeholfen wirkenden Jungen, der als dritter in der Jungenreihe drängelte, an und sagte laut „pfui Teufel, du stinkst, hau ab“. Anni und alle anderen stimmten plötzlich lautstark mit ein in den Chor herabsetzender und kränkender Wortschöpfungen, zu denen der Angeredete nur hilflos grinste, ohne jedoch seinen Platz zu räumen.

Der ursprüngliche Konflikt zwischen dem Jungen und dem Mädchen um den ersten Platz war plötzlich wie vergessen, jetzt hatten die Jungen und Mädchen, um vom gefährlichen Thema Konkurrenz untereinander abzulenken, einen dritten als Feind, als Opfer, der über ihren Konflikt hinweg Einheit vortäuschte, gesucht. Die künstliche Fröhlichkeit der Gruppe über die Späße, auf Kosten des Opfers, das mitlachte, war unangenehm. Sie war ein Indiz dafür, daß sie interne Konflikte überdecken sollte. Konfliktsteigernd hatte dabei gewirkt, daß die Herrschaft der Anführer plötzlich auch durch eine vom Lehrer gestellte individuell zu lösende Aufgabe bedroht schien. Es war nämlich jedes Kind aufgefordert, für sich selbst zu entscheiden, was für ein Bild es von sich herstellen lassen und wie es sich dafür schminken lassen wollte.

17. Jugendliche Gewaltkonflikte als Entwicklungsprobleme

Obwohl die maskulinen Ausprägungen der Disposition zur Radikalität eher bekannt sind, scheint es mir doch lohnend, sie an einigen Beispielen aus dem Sportbereich und Alltagsbereich eingehender zu untersuchen. Danny ist 12 Jahre alt und Mitglied eines Handballvereins. Sein Vater ist besorgt über Klagen des Trainers, Danny lasse sich von Kameraden viel zu rasch provozieren und reagiere dann zu heftig, und er gerate damit immer in eine Außenseiterrolle. Auch hätten sich andere Eltern beschwert, daß Danny im Verbund mit anderen einem Jungen Prügel androhe, so daß dieser Junge inzwischen Angst habe, überhaupt zum Training zu gehen. Danny seinerseits behauptet, es sei umgekehrt so, daß ihm Prügel angedroht würden und daß immer die anderen an ihm „rummeckerten".

Tatsächlich hat Danny zu seinem Leidwesen keinen „richtigen" Freund. Zwar setzt er sich im Sport, wo der Ehrgeiz aller Mitglieder zum gemeinsamen Sieg über andere Gruppen direkt angestachelt wird, mit all seiner Kraft ein. Weil er aber unter anderem aus Gründen seiner stark auf Anpassung angelegten Erziehung das Problem hat, innerhalb seiner Gruppe nicht offen um den Ball konkurrieren zu können, hat er einen eigentümlichen Ausweg entwickelt. Er gibt seinen Mitspielern während des Spiels permanent Tips, wie sie etwas noch besser machen könnten. Das nervt wiederum seine Kollegen, zumal er nicht nur ungefragt Tips, sondern auch gleich noch die Gegentips gibt. Danny kommentiert auf diese Weise das Spiel der anderen, so als wäre er der Trainer und nicht ein Gleicher unter Gleichen, was er eigentlich sein möchte. Seinerseits aber reagiert Danny höchst allergisch auf Ratschläge und Kommentare seiner Sportkameraden. Er empfindet es als unerträgliche Kritik, ja als persönlichen Angriff, wenn ein Mitspieler kommentierend etwas zu seinem Spiel sagt, und wehrt sich gereizt: „Der soll mich doch in Ruhe lassen." Danny steckt offensichtlich in einem Zwiespalt: Einerseits will er gleich sein mit den anderen, andererseits aber, was er sich freilich nicht eingesteht, will er den anderen überlegen sein, von ihnen bewundert werden und mit ihnen um die Position des Besten konkurrieren.

Dannys Zwiespalt zwischen den Wünschen nach Gleichheit und Rivalität bzw. Konkurrenz ist kein Einzelfall, sondern ein psychosozialer Grundkonflikt unter Gleichaltrigen und Gleichgeschlechtlichen, den Kinder erst mühsam überwinden lernen müssen. Wie viele Kinder hatte Danny in seinem Leben relativ wenig Gelegenheit, frei mit anderen Kindern zu spielen. Wohl war er ab fünf Jahren im Hort und Kindergarten mit anderen Kindern zusammen, aber dennoch mangelt es ihm an der Fähigkeit, spontan konkurrierendes Verhalten anderer Jungen adäquat einzuschätzen. Aggressive Auseinandersetzungen waren ihm zu Hause von fürsorglichen friedensbewußten Eltern immer erspart worden, die stets an seine Vernunft und Einsicht appellierten und Konflikte niemals offen austrugen. Diese Eltern wollten auf keinen Fall unangenehm auffallen, und als Spätaussiedler verlangten sie vom Sohn stets besonderes Verhalten in der Hoffnung, er möge es später besser und leichter haben als seine Eltern.

Wie andere Kinder steht Danny sich mit dem sehnsüchtigen Wunsch konfliktfreier Gleichheit bei der Bildung von Freundschaften selbst im Weg. Sein Freundschaftsbild ist wie das vieler Kinder idealisierend überhöht. Er bezieht es gierig aus Filmen und Büchern, in denen Konflikte von Kindern, Freundschaftskonflikte, vielfach unterschlagen werden. Gerade weil Danny kein Schlägertyp ist, sondern im Grunde sehr einfühlsam, verfügt er über ein sozial sehr geachtetes Instrument, das keineswegs automatisch nur positiv verwendet werden kann: Danny nutzt seine Fähigkeit, intuitiv erfassen zu können, was andere sich wünschen, um permanent die Grenzen zwischen sich und anderen zu verwischen, indem er durch seine Ratschläge gleichsam bei anderen mitspielt – so als wäre er nicht nur für sich selbst, sondern zugleich auch immer für die anderen verantwortlich. Seine Sportkollegen erleben das aber nicht als fürsorglich, sondern als störend. Sie lehnen begreiflicherweise Dannys Übergriffe auf ihre Selbständigkeit ab. Danny, im Bewußtsein, doch ganz uneigennützig anderen helfen zu wollen, bezieht in der Folge nun die Ablehnung für seine Tips auf seine ganze Person und reagiert entsprechend heftig emotional sowohl tief gekränkt als auch wütend und heftig.

In der Phase der Pubertät ist die Kränkbarkeit von Jungen und Mädchen durch körperbezogene Bemerkungen anderer viel höher als in den übrigen Entwicklungsphasen. Sie müssen ihr neues Körperselbst akzeptieren, das neue Unsicherheiten schafft, und sie müssen sich ihren sozialen Platz damit erwerben. Einerseits haben Jugendliche daher ein erhöhtes Bedürfnis nach Akzeptanz durch gleichgeschlechtliche Freunde, die ihnen das Gefühl der Verstärkung der eigenen unsicheren Person geben. Andererseits löst die erwünschte Nähe aber auch verstärkt (z.B. homoerotische) Wünsche und Ängste aus, die in der Folge das Distanz- und Abgrenzungsbedürfnis verstärken. Sportliche Aktivitäten mit mehr intimer körperliche Nähe zwischen Gleichgeschlechtlichen im Spiel, in den Umkleidekabinen und beim gemeinsamen Duschen erhöhen Konfliktspannungen und Abwehrversuche.

Zahlreiche Eltern und Kinder berichten über unüberwindliche Aversionen ihrer Söhne gegen das Gemeinschaftsduschen. Jungen berichten von der besonderen Aufmerksamkeit untereinander darauf, wer mitduscht und wer nicht. Dabei fallen häufig vergleichende, sexualisierende, provozierende,und aggressive Bemerkungen über Körper anderer unabhängig davon, ob einer mitduscht, wie es „dazugehört" oder aber nicht. Daß im letzteren Fall eine besondere elterliche Erklärung vorgewiesen werden muß, zeigt, wie Erwachsene ein kollektives Engagement unterstützen, wo die „Gleichen" unter sich sind und damit das Vergleichen maskuliner körperlicher Entwicklung und Leistung im Mittelpunkt steht.

Danny etwa verweigert das Gemeinschaftsduschen und ärgert sich dennoch darüber, daß er zum Außenseiter werden muß. In der Phase starker körperlicher Veränderungen fürchtet er die Blicke der anderen und ihre Kommentare. Auch am Beispiel Dannys wird der typische Zwiespalt unter Gleichgeschlechtlichen erkennbar, der Jungen und Mädchen von Kindheit an in ihren Freundschaftsbeziehungen bewegt und sie dazu treibt, nach Lösungen zu suchen. Und so lange keine anderen Lösungen entwickelt sind, werden regelmäßig diejenigen benutzt, die der Disposition zur Radikalität entsprechen: einen Außenseiter zu definieren, demgegenüber man sich als Verbündete gleich und vereint fühlen kann; einen Außenseiter, der als Person nicht interessiert, sondern nur in seiner Funktion für die beiden, die ihren eigenen Konflikten ausweichen.

Dem Sport mit seinen ritualisierten Konkurrenzspielen kommt unter dem Aspekt der Disposition zur Radikalität eine wichtige Ableitungsfunktion für geschlechtsinterne Spannungen zu: Sport bietet gesellschaftlich sanktionierte Formen zur Bändigung von Gleichheits- und Rivalitätskonflikten an; er inszeniert und diszipliniert sie gleichzeitig. Im Sport werden Gruppen Gleichaltriger (mit internen Konkurrenzproblemen) gemeinsame Außenfeinde auf Zeit und nach Regeln zur Verfügung gestellt. Anders als in kriegerischen Auseinandersetzungen ist die Feindseligkeit durch Zeitpläne, durch Arrangements der Rückspiele und durch vielfache Austauschbarkeit der Gegner ritualisiert und in feste Bahnen gelenkt.

Wie mühsam diese Prozesse der Domestizierung von Freundschafts- und Feindschaftskonflikten trotz allem sind, wird mitunter erkennbar, wenn die zur Kameraderie einladenden Sportveranstaltungen, etwa Fußballspiele, vorüber sind, und das gemeinsame Feindbild an Aktualität verliert. Unmittelbar nach der gemeinsam vollbrachten „Tat“ brechen oft innerhalb der Mannschaften interne Rivalitäten heftiger auf als zuvor. Wenn die Gruppe verloren hat, werden einzelne Schuldige innerhalb der Gruppe markiert, oder aber es werden, wenn die Gruppe gewonnen hat, individuelle Verdienste konkurrierend reklamiert. Wie nach großen Fußballspielen zu beobachten ist, fällt es jungen Männern sehr schwer, die im Spiel erregten und nur für kurze Zeit kanalisierten Konflikte wieder in die eigene soziale Gruppe zurückzunehmen.

Ein weiteres Beispiel zeigt, wie auch noch bei jungen Erwachsenen die vertrauten Lösungsmuster für Gruppenkonflikte funktionieren und wie sie Außenstehenden Angst machen. Diese spüren, daß auch sie jederzeit „Dritte“ werden könnten, auf deren Kosten sich eine von Konflikten bewegte Gruppe ihrer internen Spannungen zu entledigen sucht.

Auf Einlaß wartend in einer größeren Menschenmenge vor den Toren des Filmstudios in Babelsberg, beobachtete ich folgende Szene unter jungen Männern im Alter von ca. 18–21 Jahren. Eine Gruppe von etwa zwölf körperlich kräftigen selbstbewußt auftretenden jungen Männern, vermutlich Wehrpflichtigen, stand im Kreis. Sie zogen innerhalb der übrigen Besucherschar Aufmerksamkeit auf sich durch ihre Größe, Haltung und motorische Unruhe, mit raumgreifenden kleineren Rempeleien und durch ihren Lärm. Die anderen Leute hielten respektvollen Abstand zu dieser Gruppe, die ihre abschreckende Wirkung durchaus zu bemerken schien. Dann zog ein neu angekommener Bus ihre Aufmerksamkeit auf sich, dem andere junge Männer entstiegen. Insbesondere fixierten sie einen auffällig elegant gekleideten jungen Mann mit vielen Ringen in den Ohren und gestylter Frisur, der im Gespräch mit einem Kollegen in ihre Richtung kam und dicht an ihnen vorüberging. Er war kaum an der Gruppe vorbei, da explodierten die jungen Männer förmlich vor dröhnendem Gelächter und machten lautstark zotige Bemerkungen, so daß der junge Mann schleunigst das Weite suchte.

Unübersehbar war jetzt die körperliche Erregung der Gruppe gesteigert, offensichtlich hatte die Wahrnehmung homoerotischer Aspekte erhebliche Unruhe und aggressive Abwehr geweckt, die sie nach außen abzureagieren suchte. Das übrige Publikum zeigte sich ängstlich und vergrößerte den Sicherheitsabstand zu der Gruppe, die immer lebhafter agierte. Es war abzusehen, daß die Situation eskalierten würde.

Nun aber ereignete sich etwas Unerwartetes, das für die Frage der Deeskalation in solchen Situationen von Interesse ist. Aus einem anderen Bus krabbelte eine Schar kleiner Kinder im Vorschulalter, die überhaupt nicht in der Lage waren, die

Gesamtsituation vor dem Eingang zu erfassen. Zielstrebig eilten sie ihrer Leiterin nach, wobei sie alle Aufmerksamkeit auf den Boden und auf ihre vielen Sachen, die sich mit sich schleppten, richteten. Sie gingen quer durch die Gruppe der jungen Männer wie durch einen Wald von Bäumen, und ein Mädchen stolperte dabei dem lautstärksten Jüngling über die großen Schuhe. Das Mädchen blickte kurz und verdutzt in die Höhe, um unverzüglich weiter seiner Gruppe nachzueilen.

Die Szene, der Blick der Kleinen in die Höhe, hatte eine verblüffende entwaffnende Wirkung und war so unerwartet komisch, daß die ganze Gruppe wiederum schallend lachte; doch diesmal war es ein völlig anderes Lachen, belustigt und plötzlich wie befreit von dem Druck der zuvor erlebten Szene. Was bewirkte den Stimmungsumschwung? Es muß an der vollkommenen Selbstverständlichkeit gelegen haben, mit der die kleinen Kinder auf die großen Jungen zugestiefelt waren. Diese waren wohl so an die übliche Angstdistanz anderer Menschen gewöhnt, daß sie nicht nur verdutzt, sondern zugleich von der Arglosigkeit berührt waren, mit der die kleinen Kinder auf sie, die Riesen, zugingen. Ich nehme an, daß der Anblick der kleinen Kinder die großen Jungen unmittelbar berührte, weil er gleichzeitig wortlose gemeinsame Verständigung über die eigene einst schutzbedürftige Kleinheit ermöglichte und dabei doch die eigene anderen imponierende Größe auf eine Weise spiegelte, die vollkommen frei war von mißtrauischen Unterstellungen und Verdächtigungen, wie sie den Blicken der Umstehenden deutlich zu entnehmen war.

Wo Gruppen jugendlicher „Gleicher" zusammenstehen, dort werden, dies kann man vielfach beobachten, die Umstehenden vorsichtig bis mißtrauisch, sie gehen auf Sicherheitsabstand und bemühen sich, möglichst unauffällig zu sein. „Ich trau' mich gar nicht an denen vorbei" oder „ich habe richtig Angst vor denen" – berichten regelmäßig auch erwachsene Männer, nicht nur Frauen, Mädchen und Jungen. Umstehende oder Vorübergehende spüren unbewußt den hohen psychosozialen Druck, unter dem Gruppen „Gleicher" stehen, und sie reagieren mit „Sicherheitsabstand" und Furcht auf die zahlreichen

Signale dafür, daß die Gruppe „Dritte“ dringend „sucht“, um sich Entlastung vom wachsenden Binnendruck zu schaffen. Aber Zuschauer „wissen“ nicht nur aus Beobachtung fremder Szenen wie dieser, sondern sie wissen vor allem aus eigenen Erfahrungen (mit der Disposition zur Radikalität) in Kindertagen, was „Dritten“ in solchen Situationen passieren kann.

Es ist kein Zufall, wenn Jungen in der Pubertätsphase ein besonderes Interesse für Gewaltfilme, d.h. auch für Gewaltkonflikte und speziell für masculine Freund-Feindfragen entwickeln. Einige Aussagen von Jungen und Beobachtungen ihrer Eltern beleuchten den Zusammenhang von physischen Kraftzuwachs und Unsicherheiten über den Umgang mit Körperkraft.

Von Ollie berichten seine Eltern, er habe sich jahrelang immer wieder darüber empört, daß ihm Leute mit Hunden den Fahrradweg verstellten, wenn er von der Schule nach Hause fahre. Und obwohl diese ihn kommen sähen, führten sie ihre Hunde nicht weg, sondern zwängen den Schüler zum Ausweichen auf den Gehweg. Eines Tages aber änderte sich dies. Ollie sei mit sichtlichem Triumph, an dem überhaupt erst abzulesen war, wie sehr er die frühere Situation des Ausweichenmüssens als herabsetzend empfunden hatte, zu Hause mit den Worten erschien: „So, jetzt ist er ausgewichen“. Ollie selbst konnte nicht sagen, woran das lag. Er habe sich nicht anders als sonst verhalten. Er sei nur ruhig geradeaus weitergefahren. Ollie hatte am Verhalten des Hundebesitzers die erste deutliche Spiegelung der Tatsache erfahren, daß er körperlich imponierend herangewachsen war und nun allein auf Grund seiner Körpergröße Eindruck machen und sich Respekt bei Erwachsenen verschaffen konnte.

Die Eltern von Andrea, acht Jahre, und Marco, zwölf Jahre, klagten darüber, daß Andrea so wehleidig sei. Obwohl beide Geschwister gut miteinander auskämen, werde es ausgerechnet dann immer schwierig, wenn es eigentlich lustig zugehe. Aber Marco sei jetzt körperlich deutlich stärker geworden, und auch wenn er es gar nicht böse meine, seien jetzt seine Knüffe schmerzhaft und würden sowohl von der Mutter als auch der

Schwester als grob empfunden. Marco, wenn er nicht Protest oder Tränen ernten will, kann sich jetzt, in der Pubertät körperlich erstarkt, nicht mehr so spontan bewegen wie früher. Jetzt, da er sich seiner neuen Kräfte freute – er kann die Schwester mühelos hochheben –, verlangten Schwester und Mutter von ihm dauernd, daß er sich beherrschen solle und seine Körperkräfte zügeln müsse. Als Junge in der Pubertät muß er neu lernen, mit der ihm zugewachsenen physischen Kraft sozialverträglich umzugehen und sie zu dosieren. Mehr als früher verlangt man nun von ihm, mit seiner Körperkraft Rücksicht auf andere, Schwächere, zu nehmen, sich zu bremsen. Er muß – dem Protest der anderen entsprechend – lernen, seine Kräfte kontrolliert einzusetzen, auch wo er gern spontan wäre. Darum freut er sich jetzt um so mehr, wenn er Gleichgesinnte findet, die ebenfalls kräftiger zupacken können und mit denen er spielerisch die Kräfte messen kann.

Allein schon der Zuwachs an physischer Kraft bedeutet für Jungen Konflikte in der Pubertät. Frauen können diese Konflikte nur aus der Beobachtung, meist nicht aus eigener Erfahrung, nachvollziehen. Das Erleben physischer Kraft impliziert offenbar für Jungen keineswegs nur Stolz auf neu zugewachsene Möglichkeiten und Erfahrungen männlicher physischer Überlegenheit über Schwächere. Vielmehr bedeutet es auch ein Gefühl neuer physischer Bedrohung, und zwar durch andere Jungen. Verbunden mit dem Gewahrwerden der eigenen Stärke ist auch das wachsende Mißtrauen in die potentiellen Kräfte der Kameraden. Aus Mißtrauen widmen Jungen in der Pubertät einander konzentrierte Aufmerksamkeit, und sie haben verstärkt Angst vor Gleichaltrigen. Allein die Vorstellung, daß ein Junge, der sich selbst beherrschen will und kann, nicht weiß, ob Gleichaltrige, die ihm auf der Straße begegnen, ihrerseits willens sind, ihre Kräfte zu bremsen, schafft für ein permanentes Gefühl der Bedrohung und Angst. Marco sagte: „Von mir weiß ich ja, wie ich meine Kraft einsetzen kann. Ich kann mich beherrschen, aber ob die anderen das tun, weiß ich nicht. Da gehe ich lieber auf die andere Straßenseite oder ich bewaffne mich."

Ich bin überzeugt davon, daß die Frage, welche Bedrohungen für Jungen mit physischer Stärke, (die sie bewundern und fürchten) verknüpft sind, ein Kernproblem für Jungen in der Pubertät ist. Es motiviert Jungen unter anderem dazu, sich mehr als Mädchen für Gewaltfilme zu interessieren, in denen sie genau und von geschützter Warte aus studieren können, was Männern von Männern in der Realität, in der Geschichte und in der Phantasie drohen kann.

18. Was tun?
Bilder brauchen Worte

Warum interessieren sich viele Kinder für Gewaltfilme? Die Antwort kann – berücksichtigt man die psychosoziale Situation von Kindern in ihren diversen Entwicklungsstadien – nicht einfach lauten „zur Unterhaltung“ oder „aus Langeweile“ oder „aus Spaß“. Das Interesse an Gewaltfilmen beruht zu einem wesentlichen Teil darauf, daß in Gewaltfilmen Konflikte abgehandelt werden, mit denen sich Kinder plagen. Daher kann es wenig helfen, nur die Bilder zu verbannen – die Konflikte verschwinden damit nicht. Was also tun, will man die Kinder nicht einfach im Stich lassen, d.h. zur Ausbeutung ihrer Konflikte dem Markt überlassen?

Am Ende solcher Überlegungen könnte es zunächst sein, daß manche Leser nun vollends resignieren, wenn sie sehen, daß es eine enge Verschränkung von Angebot (von Gewaltfilmen) und Nachfrage (aus inneren psychosozialen Konflikten der Kinder) gibt, eine Verbindung, einen Pakt, der so stark und so exclusiv wäre, daß Dritte, also Eltern und Erzieher, darin keine Chance mehr haben. Zelebrieren, so könnte man skeptisch fragen, im Bereich Gewaltfilm nicht längst zwei heimlich Verbündete zusammen immer schauerlichere Bilderorgien, die allem, was durch Kultur und Zivilisation errungen wurde, hohnlachen, eine Orgie, bei der Vernunft und Verstand, Kritik und Sprache hinweggefegt werden?

Diese Resignation verantwortungsbewußter Erwachsener im Wechsel mit Wut und Zorn ist vor allem dann zu beobachten, wenn es den „Bildern der Gewalt“ wieder einmal mehr gelungen ist, alle Aufmerksamkeit auf sich zu bündeln und so den freien Blick dafür zu trüben, daß die Macht der Bilder insgesamt und nicht nur der speziellen Gewaltbilder die zentrale Herausforderung unserer Zeit ist. Anstatt auf die Gewaltbilder zu starren ist nach dem Platz zu fragen, den wir Wort und Sprache und Gespräch neben dem Bild einräumen.

Ein Vater, von dem zur Ermutigung für Verzagte zunächst berichtet werden soll, wurde auf überraschende Weise davon überzeugt, wie richtig es war, daß er all seine Kraft und sein Vermögen in Bildung und Aufklärung seines Kindes investiert hatte. Sein Sohn vermochte sich deshalb selbst gegen die suggestive und vergewaltigende Kraft der Bilder erfolgreich zu behaupten und schließlich, aller Schrecken zum Trotz, sein und des Vaters Glück zu machen. Obwohl die Geschichte alt ist und lange vor der Erfindung des Films entstand, symbolisiert sie nicht nur die Gewalt der Bilder, sondern sie zeigt auch, was Kinder und Erwachsene – in diesem Fall war es ein alleinerziehender Vater – benötigen, um aus ihrer vermeintlichen Ohnmacht gegenüber Bildern herauszutreten.

Es war einmal ein Vater mit einem harten Beruf, ein Holzfäller. Er wollte, daß sein Sohn mehr lerne als er. Obwohl er arm war, brachte er einige Zeit lang das Geld für die Schule zusammen, und der Junge lernte fleißig. Ehe die Ausbildung jedoch beendet war, sah sich der Vater gezwungen, den Sohn zurückzurufen, weil ihm das Geld ausging. Und als nun der Junge dem Vater bei der schweren Arbeit im Wald helfen wollte, da reagierte dieser wie viele Menschen gegenüber „Intellektuellen" reagieren, er traute ihm wenig praktische Fähigkeiten zu und wollte ihm zuerst nicht einmal eine Axt in die Hand geben. Er hielt den Jungen für unvernünftig (oder großmäulig?) als dieser, anstatt in der Mittagspause ruhig, wie der Vater es empfahl, niederzusitzen, lieber neugierig im Wald herumspazierte.

Dennoch handelte es sich offenbar um einen recht gutmütigen Vater, der zwar mit seiner Meinung nicht hinterm Berg hielt, aber trotzdem den Jungen seine eigenen Erfahrungen machen ließ, ohne ihn, als der Junge seiner Ansicht nach versagte, verärgert im Stich zu lassen.

Bei seinem ziellosen Umherwandern hatte der Sohn zunächst eine Stimme gehört, die flehte „laß mich heraus" und dann eine Flasche entdeckt, die verkorkt war und in der sich etwas bewegte. Er war der Bitte gefolgt und auf das, was dann geschah, schien er in keiner Weise vorbereitet: Ein Bild des Schreckens entfaltete sich übermächtig vor ihm. Er sah ein von Haß und Rachedurst erfülltes Bild eines „Geistes“, kein Wunder, daß jemand vor langer Zeit versucht hatte, diese gräßliche Erscheinung einzusperren, um die Menschheit so vor seinem unerträglichen Blick und seiner bösen Macht zu bewahren. Haßerfüllt wollte der Geist sich auf den Jungen stürzen und drohte, ihn zu töten.

Doch der Junge geriet nicht in Panik. Er behielt vielmehr seinen Kopf „oben“, d.h. er urteilte mit klarem Verstand und kritischem Blick, er verglich die Größenverhältnisse der Bilder des Bösen vorher und nachher. Der Junge wurde nicht hilf- und sprachlos gegenüber dem Bild des Schreckens, sondern er konnte es in seine Grenzen verweisen und vermochte es, seinen eigenen Platz gegenüber dem Bild zu behalten und so sein Glück zu machen. Er bezweifelte nämlich die Macht der „bösen Erscheinung“ und zwang sie damit, ihre schockierende Vergrößerung wieder rückgängig zu machen.

Wieder zurückgedrängt auf die ursprüngliche Dimension verlor der böse Geist endgültig seine gefährliche Macht über den Jungen. Denn als er zum Beweis seiner Macht in die Flasche zurückgekrochen war, stöpselte der Junge den Korken wieder auf und hatte so den Dämon erneut gebändigt und gefangen. Seines eigenen Urteils und Verstandes ganz sicher, konnte es der Junge sogar riskieren, ein zweites Mal der bösen Erscheinung gegenüberzutreten und das Schauspiel ihrer ungeheuren Ausdehnung zu beobachten. Es schockierte ihn auch diesmal nicht, sondern der Junge vermochte sogar eigene Forderungen erheben. Auch das Geschenk des Geistes nahm er nicht einfach an, sondern prüfte es erst kritisch, ehe er bereit war, ihn zu verabschieden.

Warum – mit dieser Frage ist das alte Märchen vom Geist im Glas hochaktuell – war dieser Junge so erfolgreich im Umgang mit einer fürchterlichen Erscheinung? Was hat ihn dazu befähigt, nicht schreiend zum Vater zu laufen und von diesem Schutz zu erbitten? Warum konnte er auf seine eigenen Kräfte vertrauen und die Macht der Bilder bändigen?

Ganz so unvorbereitet, wie es im Wald erscheinen konnte, war der Junge jedenfalls nicht, obwohl ihm bis dahin nichts Vergleichbares in seinem Leben vor Augen gekommen war und obwohl er noch nicht fertig ausgebildet war. Er hatte nämlich durch Bildung seit langem geübt und gelernt, selbständig zu beobachten, kritisch zu sehen und zu denken und sich nicht einfach „hineinziehen“ zu lassen in fremde Bilder und Phantasien, so daß er sprachlos und damit ohnmächtig geworden wäre. Dieser Junge konnte sich daher eine eigene Position als Betrachter gegenüber dem Bild erhalten, mochte die Erscheinung so imponierend groß oder gräßlich sein, wie sie wollte und mochte sie auch mit einer gewaltigen Stimme und mit schauerlichem Getöse operieren.

Von ausschlaggebender Bedeutung für den Erfolg des Jungen war dabei allerdings, daß er sich von einem Vater unterstützt wußte, der nicht meinte, seinen Sohn vor allen Gefahren bewahren zu müssen. Es war ein Vater, der zwar dies und das kritisierte, der aber seinem Sohn an einer fundamentalen Stelle stets Unterstützung gab: in der Wertschätzung der kindlichen Fähigkeiten und in der Wertschätzung von Bildung und Aufklärung, für die ihm als Holzfäller keine Mühe zu groß schien.

19. Visuelle Bildung als individueller Jugendschutz

Haben Erwachsene auch heute, wo die Macht der Bilder und der fremden Phantasien noch viel ausgedehnter und allerorten in Medien überwältigend auf Kinder lauert, eine Chance, Kindern einen ähnlich souveränen Umgang mit Bildern zu ermöglichen wie der Märchenvater? Können Kinder auch heute – aller Gewalt der Bilder zum Trotz – ihr Glück noch machen, um weder ins Verderben zu rennen noch dazu verführt zu werden, anderen Menschen Verderben zu bringen? Welche Voraussetzungen benötigen Kinder heute um mit der Gewalt der Bilder fertig zu werden? Für welche Voraussetzungen müssen Erwachsene der Gesellschaft sorgen? Und mit welchen Hindernissen ist auf dem Weg zur Etablierung der visuellen Alphabetisierung zu rechnen?

Auf den ersten Blick scheinen die Chancen der Kinder für visuelle Bildung schlecht zu stehen. Was im Märchen noch ein das einzelnes Individuum (mit Unterstützung wohlwollender Eltern oder durch gute Lehrer) zu lösendes Problem war – hat heute durch die kommerzielle Vermarktung der Bilder eine deprimierende, die individuellen und familiären Möglichkeiten bei weitem übersteigende Dimension angenommen. Die modernen mächtigen Bildergeister kommen ja nicht mehr nur aus einem Glas, sondern aus vielen und die Zahl der Dämonen wird ständig größer. Die modernen Geister im Glas müssen auch nicht mehr nur einem Jungen imponieren, sondern sie müssen sich in erster Linie gegenseitig an Macht und Gewalt mit immer schnelleren Bildschnitten und immer fürchterlicheren Ideen an schockierenden Effekten überbieten, weil sie um die Aufmerksamkeit der Kinder, die schon viele Geister kennen, konkurrieren.

Dennoch haben Kinder eine Chance – vorausgesetzt allerdings, Erwachsene hören auf zu jammern und investieren in visuelle Bildung. Die Voraussetzungen sind der Sache nach und nach dem, was Kinder an Fähigkeiten mitbringen im Prinzip nicht schlecht. Was die Sache, die vielen Filme und Bilder betrifft, so gilt: Wie eh und je beruht ihre Wirkung – ganz gleich, ob Bilder nun auf Papier, Leinwand, Zelluloid, Videokassette oder Bildschirm präsentiert werden – auf dem kalkulierten Einsatz künstlerischer, bildnerischer Mittel. Immer noch sind es Farben, Formen, Strukturen, Kontraste, aus denen Bilder und Filme gemacht sind und daher haben Kinder und Erwachsene durchaus eine Chance, Bilder auf ihre Bestandteile hin zu überprüfen und so den „Bildermachern“ kritisch auf die Finger zu sehen. Auch wenn Bilder und Filme als Zauber-, Hexen- oder Teufelswerke erscheinen, so sind sie doch nach wie vor immer „nur“ menschliches und kein dämonisches „Machwerk“, sie sind dramaturgische Verwirrspiele Erwachsener mit Musik, Geräuschen, Zeit und Schnitt – Machwerke, die einzeln und im Zusammenwirken studiert werden können. Der Bann, den Bilder und Filme auf Zuschauer auszuüben vermögen, währt nur so lange, wie die Zuschauer vergessen, welche Macht auch sie haben, wenn sie anfangen, genauer hinzusehen und zu fragen: erstens nach dem „Wie“, den Mitteln, mit denen Bilder gemacht sind, zweitens nach dem warum, nach den Interessen derer, die hinter den Bildern stehen und drittens nach ihren eigenen Konflikten, die sie empfänglich machen für die Konflikte, die ihnen im Bild angeboten werden.

Kinder bringen gute Voraussetzungen mit, ihren visuellen Alphabetismus zu überwinden. An ihrer Fähigkeit wach und kritisch sehen zu lernen, fehlt es jedenfalls heute so wenig wie zu Märchenzeiten. Ist es nicht tröstlich, zu erinnern, daß es schon einmal ein Junge war, ein Kind, das mit seinem kritischen Blick erkannte, was Erwachsene nicht wahrhaben wollten, nämlich daß der mit allen Tricks herausgeputzte Kaiser mit den neuen Kleidern nackt war? Und wer hat nicht schon neidvoll die kindliche Fähigkeit bewundert, sich besser als Erwachsene zu merken, wo die passenden Memorykarten liegen. Kinder verfügen mit der Fähigkeit, intensiv auf das zu schauen, was sie interessiert – Erwachsenen ist das oft peinlich – über eine gute Voraussetzung, kritisch sehen zu lernen. Und auch mit ihrem Bestreben, „dahinter" kommen zu wollen, wer, was, wie und mit wem macht, sind Kinder für analytische Arbeit mit Bildern geradezu begabt.

Auch an den technischen Mitteln zur Realisierung visueller Bildung mangelt es im Prinzip nicht. Durch die moderne Videotechnik steht ein ideales Instrument zur Verfügung, das kritisches Sehen erlernbar macht. Es ermöglicht, die Trias der Bildermacht im Film: die Bild-, Ton-, Sprache-Verbindung aufzulösen und im Detail kritisch zu prüfen. Videotechnik ermöglicht es, die Diktatur der Zeit im Film zu brechen und den Betrachter wenigstens von zeitlich bedingten Sehzwängen zu befreien. Kinder und Erwachsene können so ebenso wie der Märchenjunge suggestive, erschreckende oder überwältigende Bildvorgänge rückgängig machen, um sie zu prüfen und dadurch Macht über sie zu gewinnen. Sie können nach Belieben wiederholen, können eingehender betrachten, wozu die Regie, um sie in ihren Bann zu ziehen, ihnen keine Zeit lassen wollte.

Viel schwieriger als die Frage nach den Fähigkeiten der Kinder und nach den technischen Voraussetzungen für visuelle Bildung ist die Grundfrage, ob die Mehrheit der Erwachsenen in der Gesellschaft bereit ist, Hindernisse auf ihrer Seite abzubauen, um Kindern neue Chancen einzuräumen. Solche Hindernisse sind: Der Anspruch, Bilderwelten in gute und böse spalten zu können bzw. durch den Staat spalten zu lassen; die Fixierung der kritischen Aufmerksamkeit auf Gewaltbilder anstatt auf alle Bilder; die depressive Einstellung, „nützt ja doch alles nichts" und schließlich die Fixierung auf Elterndefizite, verknüpft mit Schuldzuweisungen an Eltern.

Die Chance für Kinder, inneren Schutz durch visuelle Bildung zu erhalten, hängt schließlich auch davon ab, ob Erwachsene einsehen, daß jugendschützende Bemühungen von außen, durch Altersangaben zu Filmen, Indizierungen, Sendezeitbeschränkungen, nicht an den Kern der Problematik, an den visuellen Analphabetismus hinreichen.

Erwachsene – dies wäre ein erster Schritt, Hindernisse abzubauen – sollten sich zunächst darüber verständigen, wie und von wem Kinder visuelle Bildung lernen sollen. Bisher wird die Verantwortung für Medienerziehung in der Gesellschaft lediglich hin- und hergeschoben. Politiker im Bund verweisen auf die Zuständigkeit der Länder in Bildungsangelegenheiten, die Länder wiederum verweisen weiter auf die Zuständigkeit der Eltern und so folgen beide einem Wunschdenken bzw. der für sie einfachsten und billigsten Lösung. Eltern und Pädagogen (am Ende solcher Verschiebungsprozesse von Verantwortung) klagen ihrerseits über Defizite des Jugendschutzes und sie fühlen sich – zu recht – weithin vom Staat in Wissenschaft und Hochschule im Stich gelassen. Und andere Erwachsene, die selbst nicht direkt mit dem Problem Kinder und Fernsehen konfrontiert sind, oder von ihnen profitieren wollen, halten sich entweder ganz aus der Diskussion heraus oder bagatellisieren das Problem mit der klassischen Formel Erwachsener „uns hat es (ohne visuelle Bildung) schließlich auch nicht geschadet". Visuelle Bildung erscheint ihnen eher überflüssig, nutzlos, oder geschäftsschädigend. Viele Erwachsenen erinnern sich erst dann vorwurfsvoll klagend der Problematik, wenn etwas Gewalttätiges an oder durch Kinder passiert, was man in Zusammenhang mit Mediengewalt bringen kann.

Wer als Erwachsener Eltern die ganze Verantwortung für Medienerziehung von Kindern zuschieben möchte, sollte sich fragen, ob er vergleichsweise auch die anderen Grundlagen des Alphabetismus, das Lesen, Schreiben und Rechnen privatisieren möchte. Denn ebenso wie diese Künste ist auch das kritisch Sehenlernen ein komplexer Vorgang, eine Fähigkeit, die professionell vermittelt und gelernt werden muß. Nur dann haben alle Kinder und nicht nur die privilegierten eine Chance. Freilich, zur Euphorie ist kein Anlaß, Vorbehalte gegen „Verschulung" im visuellen Bereich sind verständlich. Und wer ungern in die Schule ging, schlechte Lehrer hatte, wird befürchten, daß dort die Lust am Sehen erstickt werden könnte. Wo Lehrer kritisch Sehenlernen verwechseln würden mit Stunden von Moralpredigten, hätte er nur zu recht. Aber auch eingedenk solcher Vorbehalte gilt, daß angesichts der realen Situation der meisten Kinder in der Mediengesellschaft keine

Alternative zur allgemeinen visuellen Bildung in Schulen in Sicht ist.

Am schwersten zu überwinden ist vermutlich die depressive Einstellung bei Erwachsenen „hilft ja doch alles nichts", gefolgt von der zweiten „da kann man gar nichts machen". Damit ist die dritte Hürde errichtet: „der Staat muß mehr schützen, mehr verbieten." Die vierte Hürde in Folge solcher Einschätzungen lautet dann: „Der Staat muß die Bilderwelt in Ordnung bringen". „Der Staat muß die bösen Bilder verbieten, damit man die guten genießen kann." Mit dieser Einstellung aber würde alles beim Alten bleiben. Der Ärger von Eltern, Erziehenden, Intellektuellen und Politikern über die visuelle Ausbeutung von Kindern könnte sich dagegen produktiv als politischer Druck formieren, um Veränderungen in Bildungs- und Lehrplänen einzuleiten, Wissenschaft und Lehre an Hochschulen zu verpflichten, die für visuelle Bildung erforderlichen Hilfestellungen zu erbringen.

Ein schwergewichtiges Hindernis auf dem Weg zu visueller Bildung ist auch die Verweigerungshaltung vieler Intellektueller, ausgerechnet der Sachverständigen in Sachen Sprache. Gerade die „Intellektuellen", denen Wort und Sprache, Phantasie und Kreativität, Bildung und Aufklärung wertvolle Kulturschätze sind, sollten endlich ihre nörgelnde Unzufriedenheit über die Dominanz der Bilder aufgeben und aktiv die Herausforderung annehmen, der Sprache und der verbalen Kommunikation gegenüber den Bildern Platz zu schaffen – nicht ohne die Bilder freilich, sondern im Vertrauen auf die Kraft der verbalen Kommunikation selbstbewußt mit und neben den Bildern. Kinder könnten so an Erwachsenen sehen, daß Bildermächte niemanden „erschlagen" können, der sich seinen freien Blick und seine Wortsprache gegenüber der Bildersprache bewahrt.

Man wird beim Versuch, alte Hindernisse abzubauen mit erheblichen Widerständen gegen visuelle Bildung rechnen müssen. Nicht alle Erwachsenen der Gesellschaft werden Kindern die Chance zu visueller Bildung einräumen wollen. Die Angebotseite im Medienmarkt, die kommerzielle Filmproduktions-

und Senderseite wird alles tun, lieber neue Sehzwänge auf- anstatt alte abzubauen. Sie wird sich Verbündete in Wissenschaft und Kunst suchen, die gegen den Sinn und Nutzen visueller Bildung im Allgemeinen und im Besonderen mit Sachverständigengutachten argumentieren. Schade eigentlich, denn es müßte der Filmindustrie und den Medienkonzernen keineswegs automatisch und insgesamt zum Nachteil ausschlagen, wenn ihre Kunden kritische und bewußte Zuschauer wären. Wer mehr von Bildern versteht, verliert deswegen ja nicht etwa sein Interesse an Bildern, im Gegenteil.

Um Kindern eine Chance zu geben, müssen auch die Störfaktoren in den Beziehungen erforscht werden, die das Reden über Filme zwischen Erwachsenen und jungen Menschen derart unerfreulich für beide Seiten machen, daß sie es immer mehr trotz guten Willens meiden. Denn hier kommen nicht so sehr individuelle Unfähigkeiten zum Ausdruck als vielmehr grundsätzliche, mit dem visuellen Analphabetismus zusammenhängenden Probleme. Deshalb sind pädagogische Ratschläge an Eltern, sie sollten mit Kindern über Filme reden, schwerlich von Eltern zu realisieren, die selbst nicht gelernt haben mit Bildern kritisch umzugehen. Die Überforderung der Eltern äußert sich häufig in einer Haltung der Entrüstung, Belehrung oder Herabsetzung dessen, was Kinder interessiert, so als wären es die Kinder, die durch ihr Interesse die Probleme verursachten, die doch die Mediengesellschaft produziert hat. Gespräche jedoch, die mehr als reine Qualitätsurteile Erwachsener sind, Gespräche, die Raum geben für Introspektion und Subjektivität der Wahrnehmungen, gedeihen nun einmal nicht unter Vorwürfen. Sie gelingen nur, wenn bei Erwachsenen und Kindern eine forschende Haltung mit Respekt und Neugier auf die wechselseitigen Ansichten möglich ist: „Was siehst du, was sehe ich, was denkst du und was denke ich dazu?“.

Wie visueller Analphabetismus abgebaut werden kann, was im Einzelnen visuelle Bildung umfassen sollte, welche Voraussetzung in Wissenschaft, Forschung und Lehrerausbildung zunächst geschaffen werden können, diese Fragen können, ist erst einmal das Ziel klar, allmählich erforscht und erprobt werden. Zuerst müssen Erwachsene in Politik und Gesellschaft aufhören, sich nur auf das spezielle Thema Gewalt im Film zu fixieren und statt des Teilproblems das ganze sehen.

Wenn die Gesellschaft beginnt, im ausgehenden 20. Jahrhundert den visuellen Analphabetismus mehr als einzelne fragwürdige Filme ernstzunehmen, dann wird sie auch in der Lage sein, auf kreative Weise Mittel und Wege zu entwickeln, um visuelle Bildung für Kinder zu etablieren. Freilich wäre es ideal, wenn mündige Bürger dies alles ohne staatliche Hilfe leisten können und wenn nicht erst lange bürokratische Wege im föderalen Bildungsgeflecht beschritten werden müßten. Doch Beobachtungen an Jungen und Mädchen aller Altersstufen zeigen, wie nötig eine kontinuierliche und nicht nur sporadisch angebotene visuelle Bildung ist. Und auch zahlreiche Erfahrungen im Schulalltag zeigen, wie unabdingbar dabei professionelle Unterstützung der Lehrpersonen ist, die auf die Aufgabe visueller Bildung noch nicht vorbereitet sind. Lehrer benutzen zwar Videofilme in vielen Fächern im Unterricht, aber sie tun es der inhaltlichen Seite wegen und versäumen darüber die Metaperspektive und das Reden über die Fragen, wie und warum welche Bilder so und nicht anders gezeigt werden.

Allgemeine visuelle Bildung zu etablieren erfordert – politischen Willen und Problembewußtsein vorausgesetzt – zweifellos viel Zeit und ist insofern eine langfristige Aufgabe. Das bedeutet jedoch nicht, daß man auf Jahre hinaus der Entwicklung tatenlos zusehen muß. Auch mittelfristig und kurzfristig gilt es, Chancen zu Veränderungen für Kinder und Erwachsene, die weder resignieren, noch ewig warten möchten, zu suchen und zu nutzen.

Genaues Hinsehen und das Reden über visuelle Eindrücke – Kern visueller Bildung – kann man auf viele Arten auch außerhalb institutionalisierter Bildung üben. Im Prinzip bedeutet Arbeit zum Abbau des visuellen Analphabetismus stets dreierlei: erstens hinsehen auf die Bildebene, d.h. auf Inhalt, Personen, Konflikte, Farben, Formen, (Musik, Sprache); zweitens hinsehen auf die Zuschauerebene, d.h. auf die subjektiven

Emotionen, Assoziationen, Vermutungen sowie auf die soziale Ebene der Gruppe, auf deren Interaktionen während der Betrachtung eines Bildes oder Filmes; und drittens: hinsehen – im übertragenen Sinne nun – auf die verborgenen Absichten derer, die die Bilder und Filme gemacht haben, um Wirkungen im Betrachter zu erzeugen.

Anregungen für die Praxis visueller Bildung durch kurz-und mittelfristige Lösungen habe ich an anderer Stelle dargelegt (Ute Benz, Jugendgewalt und Fernsehen. Der Umgang mit bedrohlichen Bildern, Metropol 1997). Zahlreiche Projekterfahrungen zur Filmanalyse an unterschiedlichen Schultypen zeigen, wie schwierig, aber auch lohnend solche Arbeit ist. Erwachsene sollten immer wieder versuchen, die Chance zu nutzen, mit Jungen und Mädchen über Filme ins Gespräch zu kommen, um sich über ihre jeweilige Sicht der Dinge, vor allem aber über ihre Ängste, Befürchtungen und wechselseitigen Zuschreibungen, besonders, wenn es um Gewaltfragen geht, auszutauschen. Erwachsene benötigen dafür keinen besonderen Wissensvorsprung, und sie müssen auch nicht hinterm Berg halten mit ihrer Meinung über Bilder und Gewaltbilder. Aber sie brauchen ein ernstes Interesse an dem, was Jungen und Mädchen dabei sehen und erleben, und sie müssen bereit sein, mitzulernen. Alle Projektarbeiten mit Bildern und Filmen, die Teil der visueller Bildung sind, folgen dem Arbeitsmotto: „genau hinsehen" und „reden" lernen. Um die übliche Passivität von Zuschauern beim Filmesehen aufzulösen, hat sich in den Projekten z.B. bewährt, zur Eigenkreativität während des Filmesehens anzuregen, etwa durch Kritzeleien, wie Kinder sie auch beim Telefonieren machen. Zur Frage der Auswahl von Filmen, die man analysieren könnte: das hängt natürlich vom Alter und Interesse der Beteiligten sowie von der Belastbarkeit der Lehrer oder Eltern ab. Sie sollten sich persönlich nicht überfordern lassen, auch nicht von den drängenden Wünschen besonders versierter Jungen und Mädchen (sonst besteht die Gefahr, daß das anfängliches Interesse umschlägt in Zorn, der dann Kinder trifft, weil Regisseure nicht greifbar sind.) Man kann sich am alltäglichen Fernsehprogramm orientieren, wo genügend einschlägige Filme oft genug getarnt als Comics zu sehen sind – man riskiert allerdings den Protest routinierter Filmeseher, denen das alles viel zu langweilig ist, weil sie härteres gewohnt sind. Wie auch immer, nicht Vollständigkeit der Filmanalyse ist wichtig, sondern die Förderung der Motivation zu genauerem Sehen und zum Reden über unterschiedliche Sichtweisen. Gerade das Erforschen konträrer Ansichten über eine vermeintlich eindeutige Szene ist u.a. deshalb so wichtig, weil damit das für Gewaltstrukturen charakteristische rigide Spaltungsprinzip in „richtig oder falsch“, in „entweder – oder“, „alles oder nichts“ aufgehoben werden kann durch das für demokratische Strukturen charakteristische Prinzip des „sowohl als auch“. Wenn der eine etwas anders als der andere wahrgenommen hat, so sollte das nicht als falsch abqualifiziert werden. Viel interessanter als die Frage, was objektiv „richtig“ zu sehen war ist die Frage, warum man etwas so oder so sehen kann.

Aus therapeutischer Sicht sehe ich diese Art über Filme, auch über Gewaltfilme zu reden, als eine Chance, die nicht nur der visuellenBildung sondern auch der Gewaltprophylaxe dient. Denn sie fördert Beziehungen, sie fördert das Reden über konflikt- und angstbesetzte Themen, sie schafft Raum für das Austauschen subjektiver Beobachtungen, Assoziationen und Phantasien, für Toleranz statt Entwertung. Wo die Fähigkeit zur Auseinandersetzung mit verbalen Mitteln über unterschiedliche Ansichten entwickelt ist, dort reduziert sich die Gefahr, daß mit gewalttätigen Mitteln operiert wird. Wer sich verstanden fühlt, hat weniger Anlaß zuzuschlagen. Statt mit Resignation oder Abwehr oder dem hilflosen Postulat nach Verbot und Zensur von Filmen möchte ich mit der positiven Vision visueller Bildung schließen: Im Meer der Bilder werden sich Kinder, die schwimmen gelernt haben, selber über Wasser halten können.

20. Verletzt – ein Lebensgefühl. Bilder aus Projekten zur Gewaltprävention in Brandenburg

Die Fotos, die in diesem Kapitel gezeigt werden, sind Ergebnisse aus Projektarbeiten zum Thema Gewalt im Bild und Film an Schulen in Brandenburg in den Jahren 1993 bis 1995. Die Motive – Verletzungen, Opfermotive, – sind bestürzend, sie waren von den Schülern frei gewählt, und von einem Maskenbildner appliziert worden. Obwohl solche jugendlichen Gesichter mit Verletzungen für Betrachter nicht schön sondern beunruhigend und möglicherweise von manchen als ärgerliche Zumutung empfunden werden, können diese Fotos dazu anregen, wichtige Aspekt der Problematik Jugend, Gewalt und Film/Bild auch auf Betrachterseite zu erforschen. Die Frage nach den Wirkungen von Gewalt im Bild auf Jungen und Mädchen ist dann allerdings nicht mehr eine theoretische und sie ist nicht mehr unabhängig von der Person der Betrachter zu beantworten. Anhand solcher Bilder können vielmehr u.a. auch die subjektiven Reaktionen, Emotionen, Phantasien, Unterstellungen, Vorurteile und Urteile bewußt werden, die in Diskussionen über Gewalt, Film und Bild eine wichtige Rolle spielen.

Die in verschiedenen Projekten entstandenen Fotos wurden hier in einen Sinnzusammenhang gestellt, der eine zentrale These dieser Arbeit illustriert: Ein gewichtiger Grund für das große Interesse Jugendlicher an Gewaltfilmen ist in den Konflikten zu suchen, die Jungen und Mädchen nicht in erster Linie mit Feinden, sondern vor allem bei ihrer Suche nach Freunden haben. Wer Antworten auf die Frage „was tun gegen Gewalt und gegen Feindbilder" sucht, findet hier eine Anregung, in welcher Richtung man arbeiten könnte. Man sollte nicht nur gegen Feindbilder argumentieren, sondern bei den idealisierten Freundbildern anfangen, den verleugneten Konflikten und den Ablenkungsmanövern nach dem Prinzip „Zwei gegen einen".

Zur Entstehungsgeschichte dieser Fotos sei noch erwähnt: Sie entstanden im Rahmen von Projekten gegen Gewalt und Fremdenfeindlichkeit, die seit 1992 von der Regionalen Arbeitsstelle für Ausländerfragen Potsdam organisiert wurden. Im Laufe einer Schülerarbeitsgemeinschaft „Analysen von Gewaltvideos" entstand bei Schülern der Wunsch nach dem Besuch von Filmstudios und bei mir die Idee, Grundlagen zur kritischen Bildbetrachtung zu schaffen durch Material, das einerseits nicht so zeitraubend und komplex ist wie Videoaufnahmen, das aber andererseits doch so spannend ist, daß es jeden betrifft und allgemeine Aufmerksamkeit findet. Es sollte Material entstehen, das günstige Voraussetzungen für genaues – anstelle von flüchtigem – Sehen schafft und im Schulbereich relativ leicht handhabbar ist: „Portraitbilder, zum Thema Gesichter und Verwandlungen".

Schüler, die sich für Filme interessieren, sollten selbst einmal „groß rauskommen" im Bild. Professionelle Portraitfotos wurden in drei Stufen produziert, erstens „alltäglich", zweitens „verwandelt", (d.h. nach eigenen Wünschen durch Maskenbildner verändert), und drittens „szenisch" . „Szenen" werden passend nach den Motiven, nach Ideen der Schüler oder Lehrer gestellt. Dieses Material sollte dann Grundlage von Bildanalysenarbeit sein, das Schülern und Lehrern einen Einstieg in die Thematik Gewalt, Film und Bild ermöglichte.

Von den so entstandenen Fotos geht eine unmittelbare starke Wirkung aus. Sie beruht darauf, daß die meisten Jungen sich nicht, wie von Erwachsenen erwartet, als Helden, Täter, Macho-Typen stilisierten, sondern als Opfer von Gewalt mit Wunden im Gesicht. So kam die Opfer-Täter-Konstellation unerwartet kraß vor aller Augen. Auch in den gestellten Szenen der Gewalt ging es um die Opferrolle in Gruppenkonflikten. Aus psychoanalytischer Sicht sind die Fotos eindrückliche Belege zu Theorien von Gewaltbeziehungen: Gewalt erzeugt Gewalt.

Teilnehmer der Projekte „Gesichter und Verwandlungen" erfahren unmittelbar an sich und zugleich als Beobachter bei anderen die Wirkungsweisen von Verfremdung durch Fotografie. Das motiviert sie sowohl zu genauem und vergleichendem Sehen als auch zur Wahrnehmung innerer emotionaler Vorgänge während des Bildersehens, vor allem aber zur Kommunikation miteinander über visuelle Phänomene.

Die Fotos motivierten auch für weiterführende Arbeiten: So wurden klasseninterne und schulinterne Ausstellungen arrangiert, bei denen die Fotos von anderen Schülern und Lehrern stark beachtet und kommentiert wurden. Diese Kommentare wiederum wurden gesammelt und auf typische Reaktionen, Vorurteile, Zuschreibungen hin analysiert. Außerdem wurden die Portraits im Deutschunterricht eingesetzt als Materialien für Konfliktgeschichten, zum Beispiel unter den für die Projektarbeit wichtigen Fragestellungen: „Was beeindruckt mich, was Dich?" „Was sehe ich, was siehst Du?" und „Was vermute ich, was vermutest Du?"

Zweifellos geht von den Portraitfotos verfremdeter jugendlicher Gesichter, wenn sie Verletzungen zeigen, eine bestürzende Wirkung aus. Sie provozieren förmlich Fragen nach Ursachen, Wirkungen, Zusammenhängen, Emotionen. Sie lösen Assoziationen, Verdächtigungen und gegensätzliche Identifizierungen aus. Damit aber bringen sie die Betrachter zum Reden über all die Themen, über die zwischen Erwachsenen und Kindern dringend gesprochen werden muß, wenn es um Gewalt im Bild und in der Realität geht.

„Widerspruch bedeutet auch heute:
nicht wegsehen, wenn Unrecht geschieht,
Konflikten nicht ausweichen“

Heribert Prantl,
Rede zum Erhalt des Geschwister-Scholl-Preises 1994

Gewalt im Bild
Gewalt in Beziehungen

Zur Entstehung und Psychodynamik von
jugendlichen Gewaltkonflikten im Zusammenspiel
von individuellen und sozialen Kräften

Bilder aus Projekten mit Jugendlichen als
Diskussionsgrundlage

„Verletzte“

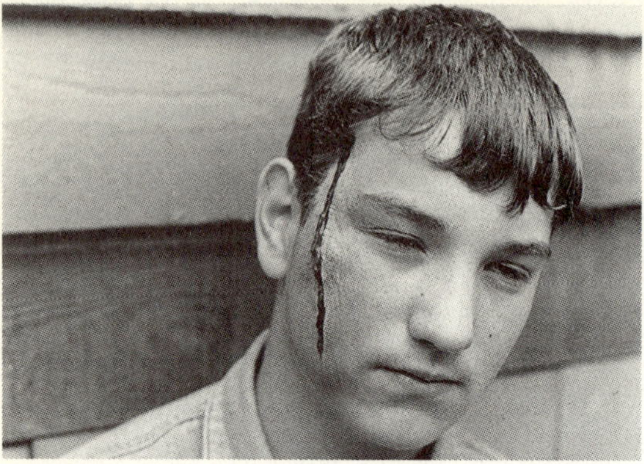

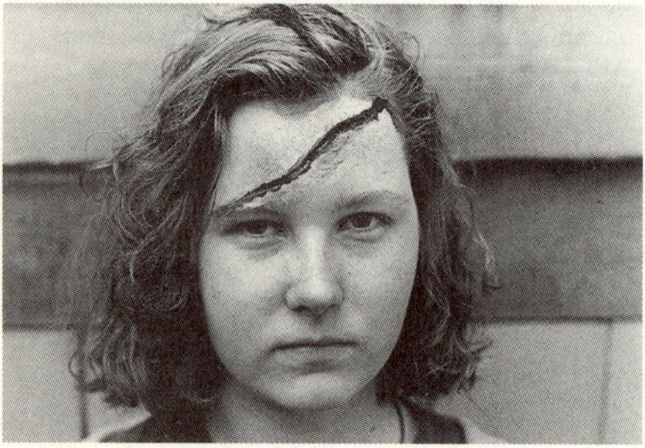

Die Motivwahl „verletzt“ ist kein Zufall. Sie bringt ein Lebensgefühl vieler junger Menschen zum Ausdruck.

Die Bilder erinnern daran: Es gibt einen Teufelskreis der Gewalt.

Verletzungen – sichtbare und unsichtbare – sind nicht nur das schmerzliche Ende, sondern auch der Anfang gewalttätiger Beziehungen, die Opfer schaffen.

Verletzende Gewalt zwischen jungen Menschen – wie fängt das an?

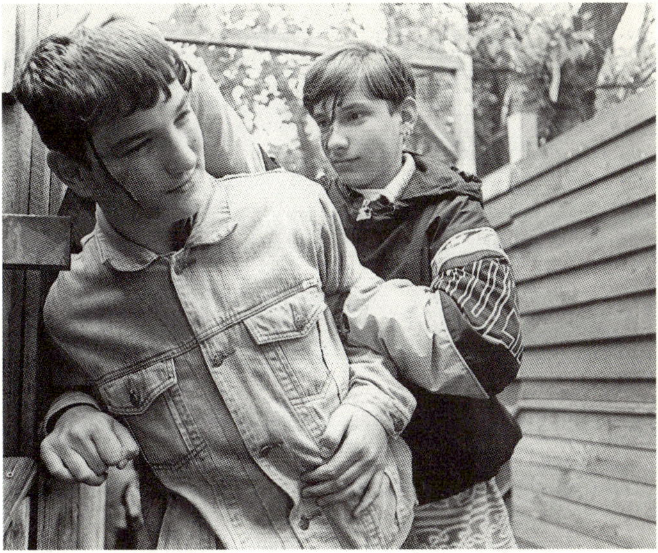

Von klein auf, ganz alltäglich, teils aus Spaß, teils aus Ernst, auch unter Freunden.

Der Grund: Konflikte bei der Suche nach Freundschaft

Zwei Wünsche – nach Freundschaft und nach Gleichheit – verursachen unerwartete Konflikte, wo Jungen und Mädchen nur Positives erwarten.

Zum Beispiel: Zwei möchten gerne miteinander spielen. Denn sie möchten nicht allein sein. Sie wären gerne Freunde. Sie haben die gleichen Interessen.

Aber nun machen beide eine enttäuschende Erfahrung: Unter Gleichen will auch jeder bestimmen, was und wie gespielt wird. Denn oft will der eine nicht so wie der andere. Und keiner will der Unterlegene sein. Das Spiel zusammen klappt dann nicht, beide sind tief enttäuscht voneinander. Gleichheit, das Ideal bedeutet plötzlich eine Bedrohung, bedeutet Konkurrenz. Was tun?

Die Suche nach Lösungen für Freundschaftskonflikte

1. Lösungsversuch: Erpressung
„Wenn Du nicht machst, was ich will, dann …"?

- spiele ich nicht mehr mit Dir
- bist Du doof
- kannst Du gehen
- bist Du nicht mehr mein Freund
- dann zwinge ich Dich
- etc.

Erpresserische Drohungen sollen den Freund zum Nachgeben zwingen.

Sie zeigen, wie hartnäckig an der Hoffnung festgehalten wird, irgendwo müsse es doch einen wunderbaren Freund geben, der das Kunststück fertig bringt, gleich zu sein und doch nicht die gleichen Ansprüche zu stellen.

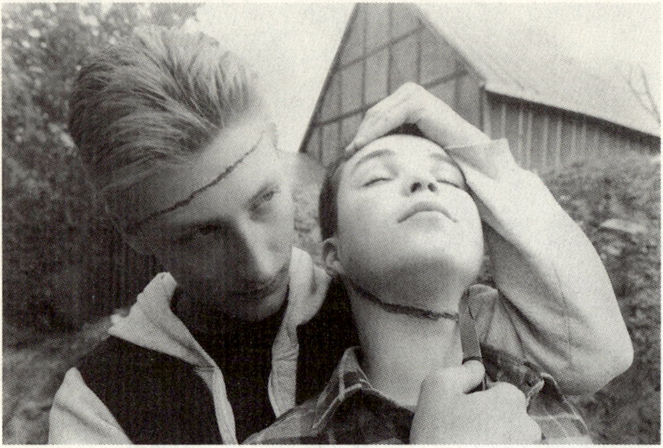

2. Lösungsversuch: Zweikämpfe um Macht und Ohnmacht

Um den ersehnten Zusammenhalt nicht einfach aufzugeben, versuchen zwei, ihre Interessen „mit Gewalt“ gegeneinander durchzusetzen. Durch Zweikämpfe suchen sie festzustellen, wer ist stärker oder schwächer, wer ist überlegen oder untelegen, wer ist Gewinner oder Verlierer, und wer muß nachgeben?

Warum ist nachgeben so schwer?

Wenn nachgeben als Schwäche erlebt wird, wehren sich beide mit aller Kraft dagegen. Dann beachten sie eigene und fremde Schmerzsignale nicht rechtzeitig („Ist mir alles egal“) und laufen Gefahr, sich zu verletzen.

Patt? Auch gleichstark ist keine Lösung

Was geschieht, wenn beide Kontrahenten gleich stark sind, wenn keiner gewinnt und keiner nachgeben kann?

Dann beenden zwei den Kampf nur aus Erschöpfung. Aber das ist keine Lösung. Ihre Konflikte sind ungelöst, sie bleiben mißtrauisch, sie erwarten die nächste Kampfrunde aus Enttäuschung, Wut, Rache und Angst vor drohender Unterlegenheit.

3. Lösungsversuch: „Zwei gegen einen Dritten“

Um ihren Konflikten miteinander zu entkommen, finden zwei einen einfachen Ausweg: Sie benutzen irgendeinen Dritten, den sie gemeinsam aggressiv behandeln können.

Gegenüber einem Dritten, einem „Feind“, können zwei, die zerstritten sind, sich sofort wieder einig fühlen. Auf Kosten des Dritten schaffen sich zwei, die untereinander Konflikte haben, ein gleiches Ziel, auf das sie jetzt ihre Aggressionen richten können. Verüben zwei jetzt gemeinsam feindselige Taten, dann schweißt das schlechte Gewissen, aber auch Kritik von außen, beide zusammen.

4. Lösungsversuch: „Alle gegen einen Dritten"

Die Erweiterung des Grundmodells „Zwei gegen einen Dritten" heißt: „Alle gegen einen Dritten".

Mit der Zahl – „alle" – nimmt zwar das Gefühl der Stärke und die Illusion der Einheit einer Gruppe zu, aber damit steigt auch zugleich der Konfliktdruck durch Rivalität und Konkurrenz innerhalb der Gruppe. Die Folge ist, daß die Gruppe nun immer dringender Dritte als „Außenfeinde" benötigt, um ihren wachsenden inneren Problemdruck nach außen abzuleiten.

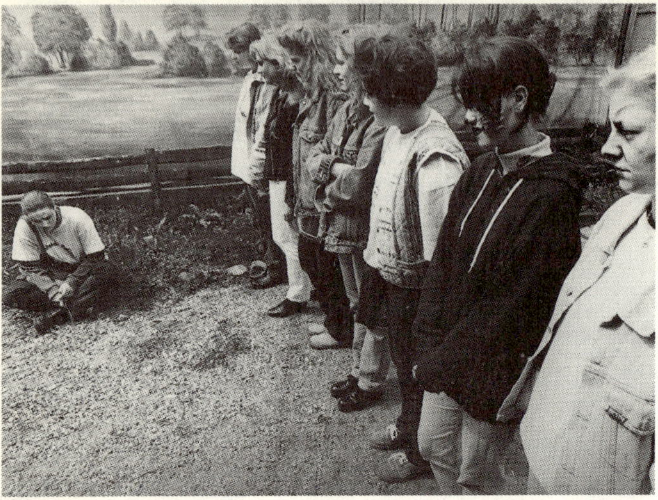

Wenn zwei oder mehrere einen Dritten nur als Feind, nicht aber als Person brauchen, ist die Sicherheit des Dritten grundsätzlich gefährdet.

Seine Schmerzgrenzen werden nur respektiert, wenn die zwei ihre eigenen Schmerzgrenzen respektieren.

Negativ wirkt hier leider jede Gesellschaft, die Härte gegen sich selbst – nach dem Motto „Ein Junge weint nicht " – praktiziert.

Sie gewöhnt ihre Mitglieder von klein auf daran, „Das macht doch nichts" zu sagen und so eigene und fremde Schmerzen zu ignorieren. Dritte sind dann nie sicher. Sie sind auf Selbstschutz oder auf Schutz von außen angewiesen.

Schutz durch Erwachsene
Die Aufgabe Erwachsener

Wenn Konflikte nach dem Muster „Alle gegen Dritte“ sich verschärfen, wenn die Grenzen humanen Verhaltens durch Jugendliche überschritten werden, dann hängt die Sicherheit Dritter von Erwachsenen ab. Die müssen die humanen Normen der Gesellschaft verteidigen.

Doch Schutz Dritter, der von außen kommt, reicht nicht, kommt oft zu spät. Schutzgrenzen müssen im Inneren entwikkelt werden.

Erwachsene – nicht nur Eltern und Lehrer – sind ihrerseits dafür verantwortlich, daß sie die Würde junger Menschen und ihre Schmerzgefühle von klein auf achten und nicht verletzen. Nur von innen heraus ist der Teufelskreis der Gewalt zu unterbrechen.

Auswahlbibliographie

Dieter Backe/Uwe Sander/Ralf Vollbrecht, Medienwelten Jugendlicher, Opladen 1991.

Thea Bauriedl, Psychoanalyse ohne Couch, München 1985.

Thea Bauriedl, Auch ohne Couch, Stuttgart 1994.

Ute Benz, Jugend, Gewalt und Fernsehen. Der Umgang mit bedrohlichen Bildern, Berlin 1997.

Bruno Bettelheim, Kinder brauchen Märchen, Stuttgart 1977.

Heidrun Bründel/Klaus Hurrelmann, Zunehmende Gewaltbereitschaft von Kindern und Jugendlichen, in: Aus Politik und Zeitgeschichte, Beilage zur Wochenzeitung Das Parlament, 23. 9. 1994, S. 3–9.

Bundesministerium für Frauen und Jugend (Hrsg.), Gewalt im Fernsehen, Bonn 1994.

Werner Glogauer, Kriminalisierung von Kindern und Jugendlichen durch Medien, Baden-Baden 1991.

Wilhelm Heitmeyer, Jugend – Staat – Gewalt. Politische Sozialisation von Jugendlichen, Jugendpolitik und politische Bildung, München 1989.

Michael-Sebastian Honig (Hrsg.), Kindesmißhandlung. Gewalt gegen Kinder als öffentliches Thema, München 1992.

Rita Müller-Hilmer/Helga Theunert, Institut Jugend, Film und Fernsehen München (Hrsg.), Nie hat es soviel Spaß gemacht. Brutales in den Medien, München 1987.

Henri Parens, Zur Epigenese der Aggression in der frühen Kindheit, in: Analytische Kinder- und Jugend-Psychotherapie, 27 (1996), H. 1, S. 17–49.

Neil Postman, Wir amüsieren uns zu Tode. Urteilsbildung im Zeitalter der Unterhaltungsindustrie, Frankfurt a. M. 1985.

Barry Sanders, Der Verlust der Sprachkultur, Frankfurt a. M. 1995.

Horst Scarbath, Videokonsum und pädagogische Verantwortung, Köln 1987.

Helga Theunert/Renate Pescher/Petra Best/Bern Schorb, Zwischen Vergnügen und Angst: Fernsehen im Alltag von Kindern, Hamburg 1992.

M. D. Vernon, Wahrnehmung und Erfahrung, München 1977.

Waldemar Vogelgesang/Rainer Winter, Die neue Lust am Grauen. Zur Sozialwelt der erwachsenen und jugendlichen Horrorfans, in: psychosozial 13 (1990), H. 44, S. 42–49.

Helmut Willems, Fremdenfeindliche Gewalt. Einstellungen, Täter, Konflikteskalationen, Opladen 1993.

Hans-Jürgen Wirth, „Voll auf Haß". Zur Psychoanalyse des Resentiments am Beispiel der Skinheads, in: psychosozial 12 (1989), H. 40, S. 80–92.
Machthild Zeul, Bilder des Unbewußten. Zur Geschichte der psychoanalytischen Filmtheorie, in: Psyche 48 (1994), SW. 975–1003.
Hans Zulliger, Schund – Phantasie und Angstbewältigung, in: Praxis der Kinder- und Jugendpsychologie, Bern 1960, S. 157–169.

Ivan Illich bei C. H. Beck

Ivan Illich
Im Weinberg des Textes
Als das Schriftbild der Moderne entstand
1991. 215 Seiten. Broschiert

Ivan Illich
Klarstellungen
Pamphlete und Polemiken
1996. 170 Seiten. Paperback
Beck'sche Reihe Band 1151

Ivan Illich
Entschulung der Gesellschaft
3., überarbeitete Auflage. 1995. 187 Seiten. Paperback
Beck'sche Reihe Band 1132

Ivan Illich
Genus
Zu einer historischen Kritik der Gleichheit
Aus dem Englischen von Ruth Kriss-Rettenbeck, Barbara Duden
2., überarbeitete und ergänzte Auflage. 1995. 220 Seiten. Paperback
Beck'sche Reihe Band 1105

Ivan Illich
Die Nemesis der Medizin
Die Kritik der Medikalisierung des Lebens
Aus dem Englischen von Thomas Lindquist und Johannes Schwab
4., überarbeitete und ergänzte Auflage. 1995. 319 Seiten. Paperback
Beck'sche Reihe Band 1104

Verlag C. H. Beck München

Psychologie

Reinmar du Bois
Kinderängste
Erkennen – verstehen – helfen
3., durchgesehene Auflage. 1998. 228 Seiten. Paperback
Beck'sche Reihe Band 1137

Maike Bastian/Till Bastian
Die Angst der Eltern vor dem Kind
1996. 144 Seiten mit 7 Abbildungen. Paperback
Beck'sche Reihe Band 1189

Sheila Kitzinger/Celia Kitzinger
Mit Kindern sprechen über Gott und die Welt
Aus dem Englischen von Vivian Weigert
1991. 303 Seiten. Paperback
Beck'sche Reihe Band 454

Ludwig Reiners
Sorgenfibel
oder Über die Kunst, durch Einsicht und Übung
seiner Sorgen Meister zu werden
117. Tausend. 1997. 141 Seiten. Paperback
Beck'sche Reihe Band 354

Werner Kraus (Hrsg.)
Die Heilkraft des Malens
Einführung in die Kunsttherapie
1996. 180 Seiten mit 46 Abbildungen. Paperback
Beck'sche Reihe Band 1157

Verlag C. H. Beck München